FOL
V
7360
(3, 1, 1)

AF327577

GROUPE DES ARMÉES DU CENTRE

ÉCOLE D'INSTRUCTION
DU GÉNIE

Fol V
7360
(31,1)

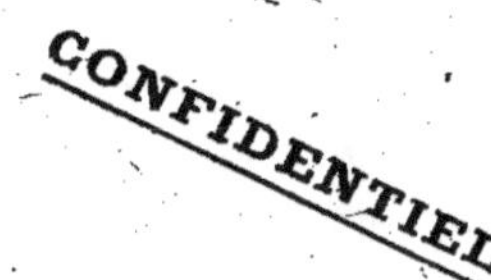

CONFIDENTIEL

ORGANISATION DU TERRAIN

PREMIÈRE PARTIE
ÉTUDES D'ENSEMBLE

PREMIER FASCICULE
Généralités et Organisations défensives

Commandant BARRÉ

TEXTE

Vu et Approuvé:

Le Général FAYOLLE, Commandant le G. A. C.
P. O. : Le Chef d'État-Major,
Signé : **BARTHÉLEMY**.

IMPRIMÉ AU G. C. T. A. IV

Novembre 1917

ORGANISATION DU TERRAIN

Fd. V
7360
(3, I, 1)

(F)

PREMIÈRE PARTIE
ÉTUDES D'ENSEMBLE

PREMIER FASCICULE
Généralités et Organisations défensives

Commandant BARRÉ

TEXTE

R.F.
BIBLIOTHÈQUE NATIONALE IMPRIMÉS

21 016

TABLE DES MATIÈRES

R. F.

(1) *Erratum* page 43 : *Lire* F) Réseau téléphonique *au lieu de* F) Réseau télégraphique.

RÉFÉRENCES

A. — Instructions ou notes officielles diverses

1. *Enseignements tirés de la guerre relatifs à la fortification de campagne*, juin 1915. (Document allemand traduit par le S. T. G.)

2. — *Instruction sur les travaux de campagne à l'usage des troupes de toutes armes*, approuvée le 24 décembre 1915.

3. — *Instruction du 24 décembre 1915*, IVe Armée, 3e Bureau, No 5000.

4. — *Note sur la défense et l'organisation de la première position*, IVe Armée, 3e Bureau, No 6580, 17 janvier 1916.

5. *Notes relatives aux principes d'organisation d'une position*, IIe Armée, 3e Bureau, Nos 2433, du 7 mars 1916, et 8328 du 22 novembre 1916.

6. *Note relative aux enseignements à tirer de la bataille de Verdun*, G. Q. G., 5 avril 1916.

7. *Note pour les groupements*, IIe Armée, 3e Bureau, s/c, No 1994, 30 mai 1916.
    Note pour les Armées, G. Q. G., 3e Bureau, No 3925, 9 juin 1916.
    Notes concernant divers enseignements résultant des combats de Verdun, notamment sur le jeu des contre-attaques et l'action des Commandants de Bataillon et de Régiment.

8. — *Note No 7808*, IIe Armée, 3e Bureau, 31 mars 1916.

9. *Note pour les Armées*, G. Q. G. 2e et 3e Bureaux, No 47, 16 juillet 1916. Traduction d'un document allemand : *Principes pour l'exécution de l'attaque d'Infanterie dans la guerre de position en liaison avec les autres armes.*

10. *Note pour les Armées et traduction d'un document allemand : Principes pour l'exécution de l'attaque d'Infanterie*, G. Q. G., 27 août 1916, No 24828.

11. — *Note au sujet de l'organisation du terrain au cours de la bataille*, G.Q.G., 2 juillet 1916.

12. *Traduction d'un document allemand*, G. Q. G., 3e Bureau, No 6310, 9 septembre 1916. *Enseignements à tirer de la bataille de la Somme.*

13. *Note du G. A. C., 3e Bureau, Renseignements à tirer de la bataille de Verdun* et annexes diverses *au sujet de l'organisation de Verdun et des attaques de février-mai 1916.*

14. *Traduction d'un document allemand concernant les organisations défensives*, G. Q. G., 4 mars 1917, No 408.

15. *Note pour les groupes d'Armées et les Armées sur l'occupation et la défense du front*, G. Q. G., 3e Bureau, No 8085, 10 Mars 1917.

16. *Manuel du Chef de Section d'Infanterie*, Édition 1917.

17. *Instruction aux Généraux commandant les secteurs*, IVe Armée, 3e Bureau, No 2918, 30 mars 1917, *sur les conditions d'organisation de position.*

18. — *Note de principe fixant les conditions d'établissement des lignes de couverture d'Artillerie*, G. A. N., 3e Bureau, No 3882, 30 mars 1917.

19. — *Note pour les Armées*, G. Q. G. 3e Bureau, No 26826, *sur la manière dont les Allemands envisagent la bataille défensive.*

20. — *Note sur l'établissement de nouvelles positions défensives*, IVe Armée, 3e Bureau, 2e Section, 22 mai 1917.

21. — *Note 9530*, du G. A. N., 3e Bureau, *fixant les conditions d'implantation d'une deuxième position et d'une position intermédiaire, formant couverture d'Artillerie.* 14 juin 1917.

22. — *Traduction d'un document allemand : Enseignement tiré de la bataille de la Somme, par la première Armée allemande* (Général F. Von Below), G. Q. G., 3e Bureau, 30 juin 1917.

23. — *Règlements allemands relatifs à la guerre de position pour toutes armes*, 1re partie, section A, du 13 novembre 1916, et 1re partie, section B, du 15 décembre 1916, publiés par le Ministère de la Guerre en 1917.

24. — *Note sur l'organisation d'un centre de résistance*, VIIIe Armée, 3e Bureau, No 144, 7 juillet 1917.

25. — *Note relative aux règles qu'il est essentiel d'observer dans la préparation et l'exécution de l'attaque*, G. A. C., 3e Bureau, No 2075, 9 juillet 1917.

26. — *Note de la troisième Armée*, 3e Bureau, No 4642/3, du 6 août 1917, *appelant l'attention sur la recherche d'un dispositif permettant de réaliser l'économie des forces d'occupation.*

27. — *Instruction sur l'organisation du terrain du 22 août 1917.*

B. — Ouvrages, Conférences et Cours divers

1. — *Aménagement du terrain en vue de la défensive*, par le Commandant Meullé-Desjardins, novembre 1916 (Conférences du C. É. G.)

2. — *Aménagement du terrain en vue de l'offensive*, Commandant Meullé-Desjardins, octobre 1916 (Conférences du C. É. G.)

3. — *Organisation du terrain dans la défensive*, par le Commandant Leroy, septembre 1917 (Conférences du C. É. G.)

4. — *Organisation du terrain en vue de l'offensive*, par le Commandant Leroy, octobre 1917, (Conférences du C. É. G.)

5. — Cours de l'École Militaire d'Artillerie : *Cours de fortifications permanentes*, du Capitaine Bassat.

Cours divers de l'École d'Application d'Artillerie et du Génie, notamment :

6. — *La fortification avant 1870*, du Capitaine Tricaud (1911).

7. — *La fortification après 1885*, du Capitaine Alheilig (1911).

8. — *Défense des États*, par le Capitaine Alheilig (1909).

ORGANISATION DES POSITIONS

Les nécessités de l'enseignement conduisent à séparer en deux parties distinctes l'étude de l'organisation des positions suivant qu'on se place au point de vue défensif ou au point de vue offensif.

Cette distinction ne doit pas être considérée comme absolue et souvent les considérations imposées par l'un de ces points devra intervenir dans une étude qui semble plus particulièrement se rapporter à l'autre.

La suite de ce travail nous conduira à montrer en plus d'un endroit la vérité de cette assertion.

Dans ce cours nous nous attacherons à faire tous les rapprochements que permettront les circonstances.

Nous ne traiterons ici que les questions d'ensemble, les études de détails étant présentées par le Capitaine Morin de l'É. I. G. dans une autre partie des cours.

PREMIÈRE PARTIE

ORGANISATION DÉFENSIVE DES POSITIONS

INTRODUCTION

Au point de vue général de la formation intellectuelle d'un Officier du Génie, l'étude et la méditation des divers procédés que, depuis l'origine des âges, les hommes ont employés pour défendre leurs foyers contre l'envahisseur est du plus haut intérêt. Il n'est plus téméraire d'affirmer aujourd'hui, après le retour de tant de procédés tombés dans l'oubli, que, même au point de vue strictement technique, cette étude présenterait une réelle utilité.

Qu'il nous suffise, ici, d'évoquer l'intérêt de ces recherches que nous ne pouvons exposer, et de diriger vers elles la pensée de nos Officiers et leurs lectures lorsque les circonstances leur permettront d'y consacrer quelques loisirs [1].

Mais une période déjà longue et capable de constituer à elle seule, une leçon d'autant plus efficace qu'elle est toujours vivante peut et doit faire l'objet d'une étude raisonnée. C'est la période qui commence à la date inoubliable du 2 août 1914 et se poursuit sous nos yeux, dans l'évolution d'une guerre implacable, dont nous chercherions en vain dans l'histoire l'équivalent, même lointain.

Sans nous arrêter aux enseignements d'ordre intellectuel et moral, si nombreux pourtant

---

[1] Cf. Cours de l'École d'Application d'Artillerie et du Génie. Notamment : *La fortification avant 1870* (Capitaine Tricaud, 1911) et Cours de l'École Militaire d'Artillerie, notamment : *La fortification avant 1885* (Capitaine Bussat, 1912).

qui s'y attachent et en nous bornant modestement au point de vue technique, cette étude est utile et même nécessaire, pour les deux raisons suivantes :

1º Elle nous permet de comprendre des variations qui peuvent troubler et désorienter l'observateur par leur nombre et parfois leur soudaineté apparente.

2º D'autre part, beaucoup de ces organisations existent encore et doivent être utilisées pour éviter un gaspillage d'efforts. Nombreuses d'ailleurs sont celles, qui par une mise au point relativement facile, peuvent être utilisées au même titre que les organisations nouvelles.

Nous passerons donc en revue les diverses formes des organisations défensives adoptées depuis le début de la campagne, en recherchant dans une étude critique les leçons qui ont conduit à les améliorer et à les amener au stade défini par les règlements et les tendances actuelles.

Les combats désormais historiques qui se sont livrés sous Verdun, ont remis en lumière les secours que l'on pouvait attendre de la fortification permanente de l'avant-guerre. Celle-ci entrant dans la constitution de nos organisations actuelles et se trouvant par nature la première en date, dans notre système défensif, nous commencerons par jeter sur la fortification permanente de l'avant-guerre et sur la manière dont elle peut judicieusement s'introduire dans une organisation moderne, un coup d'œil rapide, mais aussi complet que possible.

Outre l'intérêt naturel qui s'attache à la question, nous verrons dans cette étude, combien d'idées fondamentales, mises par la guerre actuelle en pleine lumière et considérées aujourd'hui comme incontestables, avaient été connues et préconisées des fortificateurs de l'avant-guerre, sans avoir pu pénétrer d'une façon intime dans les conceptions générales. On les connaissait, on ne les sentait point pourrait-on dire. L'idée des flanquements, celle de la puissance de l'obstacle, sont absolument caractéristiques à ce point de vue.

———

CHAPITRE PREMIER

Des rapports de la fortification permanente et d'une organisation défensive

———

Le rôle assigné à la fortification permanente avant la guerre actuelle pouvait se résumer ainsi : créer autour des places fortes formant tête de ponts, ou nœuds de voies de communications, ou musoirs d'une région fortifiée, une ceinture inviolable au moins pendant une durée considérée par le Commandement comme suffisante, pour le rôle que la place avait à jouer. On admettait que celui-ci pouvait avoir une durée très inférieure à celle des hostilités, et cessait dès que la place échappait à l'investissement, dans le cas favorable où celle-ci jouait victorieusement son rôle.

Dans la guerre actuelle, les anciennes fortifications sont intervenues comme entrant dans l'ensemble de l'organisation défensive générale, au même titre qu'un élément quelconque. Il n'est plus question de place assiégée, ni même d'une ceinture continue entourant une place ; on pourrait croire que ceux des ouvrages d'une place qui se trouveraient à l'intérieur de l'organisation générale s'appuyant sur ceux qui font face à l'ennemi ne seraient plus appelés à jouer aucun rôle. En fait il en fut ainsi lors de l'attaque de Verdun en ce qui concerne les forts de Landrecourt, Dugny, etc.

Mais si l'utilité de ces ouvrages dans le sens en vue duquel ils ont été construits, apparaît comme douteuse ou secondaire, est-ce à dire qu'ils auraient été, le cas échéant, incapables d'un rôle efficace dans le sens de l'action générale : assurément non. Il y aurait eu à les utiliser suivant les circonstances nouvelles, c'est-à-dire à les retourner. Un exemple célèbre de cé fait est d'ailleurs celui du fort de Douaumont, utilisé par les Allemands après sa prise le 25 février 1916. On peut dire qu'ils auraient pu, dans une seconde position jouer un rôle utile, mais il est évident que s'ils avaient, *a priori,* été créés dans ce but ils eussent été orientés en sens inverse et d'ailleurs, en général, établis en des points différents.

Cette conception du rôle de la fortification n'est pas absolument neuve, c'est au fond, celle de Séré de Rivière. Elle est l'extension de la notion de région fortifiée. La grande différence est dans le fait que, dans la guerre actuelle on admet implicitement l'infrangibilité de la courtine formée par l'intervalle entre deux ouvrages, ou deux places, tandis qu'antérieurement la continuité n'était nullement exigée et la région fortifiée avait surtout un but de canalisation relativement aux voies d'invasion.

Comme conséquence aussi, on n'admet plus qu'un organisme plus ou moins grand, place ou ouvrage, vive indéfiniment sur ses ressources : il doit en principe rester relié à l'intérieur et ce n'est qu'accidentellement et pour une durée aussi brève que possible, que la rupture de ses relations doit être envisagée. C'est une conséquence forcée évidente de l'augmentation formidable des moyens matériels. Comme dans ces conditions il n'est rien d'absolu, il est évident qu'il ne serait nullement absurde même dans l'organisation continue qui est celle que nous vivons, de préconiser l'utilisation d'une place formant un organisme fermé et pouvant vivre sur elle-même un temps limité : c'est une question de mesure. Mais il y aurait tout intérêt à ce que les forts intérieurs fussent conçus de manière à pouvoir être utilisés dans les deux sens, soit faisant face à la marche normale de l'ennemi, dans le cas où la première position défensive s'appuyant sur les ouvrages extérieurs viendrait à être entièrement perdue, soit face à la direction inverse dans le cas où la courtine intermédiaire étant rompue, l'assaillant tenterait une action à revers sur la place. De tels forts seraient organisés en somme suivant les grandes lignes d'un fort d'arrêt. Le schéma ci-après, qui n'a pas d'autre prétention, résume et éclaire ces considérations.

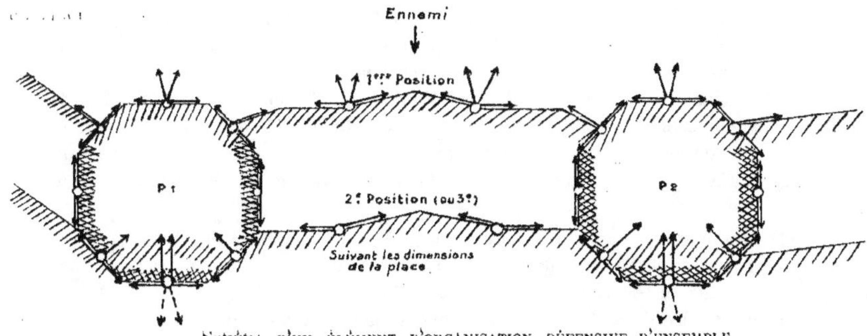

Schéma d'un élément d'organisation défensive d'ensemble
comportant deux places réduites pour plus de clarté d'une seule ligne d'ouvrages

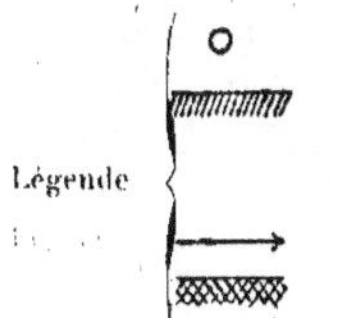

Légende	○ Forts ou ouvrages permanents à l'épreuve principaux.
	Courtine pouvant contenir une ou plusieurs lignes formées d'ouvrages de fortifications passagères ou même d'ouvrages permanents secondaires ou encore de communications souterraines permanentes.
	Les communications radiales ne sont pas figurées.
	Direction principale du tir des ouvrages.
	Organisation des positions de la place forte.
	Directions de tir frontales dans l'organisation de la place conservées dans l'organisation défensive contre une attaque à revers.

D'ailleurs si l'on voulait reprendre entièrement la question de l'organisation défensive d'un État en faisant appel à toutes les ressources de la technique industrielle et avec la liberté d'action du temps de paix, il est incontestable que bien des problèmes se poseraient autrement.

Il ne s'agirait plus de garantir une ville, fut-elle le môle d'une région fortifiée, ni même de créer une suite de telles régions. Le problème devrait être pris dans toutes son ampleur, c'est le problème de la fortification étendue à la défense de tout l'État constituant la région assiégée. C'est ainsi qu'il s'est posé et a été résolu le mieux possible au commencement de cette guerre par l'emploi de la fortification de campagne, jointe peu à peu à des organisations dont certaines se rapprochent singulièrement de nos ouvrages permanents. Il paraît bien, d'autre part, que cette conception fut au fond la généralisation de la pensée de l'auteur des régions fortifiées et peut-être même sa véritable pensée qu'il n'osa suivre jusqu'au bout ne la sentant pas encore, pour des raisons diverses, mûre pour sa réalisation à l'époque de sa conception.

En un mot, fortification passagère, semi permanente et permanente doivent, à l'heure actuelle, être considérées comme les diverses parties d'un tout constituant l'organisation défensive d'ensemble d'un État, organisation qui se différencie essentiellement de celle de l'avant-guerre par l'apparition de la continuité et la nécessité des ravitaillements par l'arrière.

De ces trois types, et de leur association, les organisations actuelles nous mettent sous les yeux des exemples vivants.

Bien que nous ayons, par principe, éliminée de cette étude toute recherche historique antérieure à la guerre actuelle, nous ne croyons pas pouvoir passer sous silence la remarque que cette idée de la continuité est vieille comme le monde et que sa réapparition semble bien montrer qu'elle correspond à la nature même des choses pour un certain état relatif des moyens matériels en présence. En passant rapidement sur l'exemple bien connu de la muraille de Chine, il n'est peut-être pas inutile de citer des exemples modernes, bien plus ignorés, d'utilisation de lignes continues qui, à l'échelle des moyens de l'époque rappellent entièrement ce que nous voyons et ce que nous avons vu à Tchachaldja et en Mandchourie. Telles sont les lignes de la Canche à la Meuse et de Wissembourg exécutées sur les ordres du Maréchal de Villars, au cours de la guerre de succession d'Espagne 1698-1715. Au début du XIXᵉ siècle nous retrouvons, pour l'organisation d'une place, cette idée de la ligne continue préconisée par le Général Haxo [1].

Quelle que soit la forme prise par la fortification permanente, introduite de toutes pièces dans une organisation défensive, telle que nous l'a révélée la guerre actuelle, on peut la caractériser ainsi : emploi systématique très développé des organisations souterraines, ouvrages proprement dits et communications, avec émergences en béton et même en métal. On retrouve ainsi une conception déjà ancienne, celle du fort Mougin que l'auteur avait appelé le fort de l'avenir. Les évènements actuels ont montré que le Commandant Mougin avait vu juste et que, moyennant une remise au point commandée par les évènements, son hypothèse est parfaitement admissible et que son fort se trouvait bien être, comme il l'appelait : celui de l'avenir [2].

L'obstacle adopté, dans la grande généralité des cas, sera toujours le fil de fer sous ses diverses formes, ordinaire, chevaux de frise, etc. Notons que ces conceptions ont reçu un commencement de réalisation. Les ouvrages de Verdun et d'autres places ont été, ou sont l'objet d'une remise en état à base d'organisation souterraine venant doubler l'ancien fort qui constitue l'émergence active dont il a été question ci-dessus.

Pour terminer l'exposé de ces vues sur l'emploi de la fortification permanente, nous complèterons rapidement ce que nous avons dit au sujet des services rendus par notre fortification permanente en attirant l'attention sur la façon brillante dont ces ouvrages ont résisté à des projectiles beaucoup plus puissants que ceux contre lesquels on avait prévu qu'ils devaient résister. Le rapport du Lieutenant-Colonel Benoit est à lire, à ce sujet. D'ailleurs, dans une autre partie du cours de l'É. I. G., il en a déjà été question [3]. Qu'il nous suffise de mettre en lumière les points les plus saillants ; faits pour résister à du 220, ou tout au plus du 270, nos ouvrages ont pu recevoir victorieusement les atteintes de calibres autrement puissants. Certes, des voûtes ont pu être percées, mais beaucoup ont résisté. Il semble même que les grosses

---

[1] Fortifications de Grenoble, de Belfort et de Lyon, le Général Haxo, né en 1774, mort en 1838.

[2] Voir Annexe nº 1.

[3] *Effets du tir de l'Artillerie sur les organisations défensives*, par le Capitaine Billiard. Voir aussi les leçons du Capitaine Morin.

dalles de caserne soient à l'épreuve du 420 bien que sur la limite. Toutes les tourelles ont pu, même frappées, continuer à fonctionner après de légères réparations. L'exemple d'une tourelle de 155 du fort de Vacherauville qui reçut un projectile de très gros calibre [1], en un point tout à fait délicat, sur l'avant cuirasse, près de la partie où repose la calotte, est typique à ce sujet. L'avant cuirasse fut cassée, mais on put dégager le morceau au cric, puis procéder à la mise au point des commandes intérieures ; et, après un délai de quelques jours, la tourelle fonctionna comme avant. L'auteur de ce travail eut l'occasion de constater le fait personnellement, en manœuvrant ladite tourelle, quelques temps après l'accident (avril 1916). Quant aux dégâts sur les infrastructures en béton, ils furent insignifiants.

Les exemples fameux de Liège, d'Anvers et de Namur, ainsi que celui du fort de Manonvillers, qui jetèrent, au début des hostilités, sur les forts un discrédit immérité, ne sauraient être retenus. Là où elle a pu être acquise depuis, la connaissance des faits a montré qu'il fallait rechercher la cause des échecs subis tout à fait ailleurs que dans l'insuffisance de l'outil incriminé.

Il résulte des considérations précédentes que, pour être complet, il y aurait lieu d'exposer la constitution de nos forts permanents et les moyens de les améliorer pour les mettre à la hauteur de l'Artillerie actuelle. Ce dernier problème a été d'ailleurs posé en fait à de nombreux Officiers du Génie dans la région de Verdun. Une telle étude, prolongement et mise au point du Cours de fortification permanente de l'École d'application, nous entraînerait trop loin ici, mais fera l'objet de leçons spéciales parallèles à celles qui portent sur le détail des organisations défensives. Le temps limité dont disposent les Officiers, élèves à l'É. I. G., ne permet pas d'ailleurs, dans les conditions actuelles, d'en faire à l'amphithéâtre, l'objet de conférences orales.

———

CHAPITRE II

Principes directeurs fondamentaux d'une organisation défensive

———

L'obstacle et le flanquement ;
Le couvert et l'abri ;
Les vues ;
L'échelonnement en profondeur ;
Le cloisonnement ;
Les communications.

———

Toute organisation défensive a pour but d'utiliser le terrain de manière à résister à l'effort de forces supérieures. La recherche des procédés les plus féconds pour arriver à ce résultat a mis en évidence quelques principes directeurs très simples, bien connus des ingénieurs militaires, et auxquels Vauban a donné un lustre particulier.

I. — L'obstacle et le flanquement

Tout d'abord l'idée la plus simple pour briser l'effort d'un assaillant consiste à l'obliger à s'arrêter devant un obstacle battu par nos feux. La nature de l'obstacle variera avec les circonstances et la technique, l'idée directrice est immuable. Quant au feu dont la présence seule donne à l'obstacle sa valeur, on peut le concevoir comme agissant directement ou, au contraire, prenant l'ennemi de flanc pendant son arrêt. C'est le mode qui se présente comme le plus

---

[1] D'après le Colonel Benoit ce projectile serait même un 420.

fécond dans la plupart des cas. C'est d'autant plus vrai que l'arme est à plus grand rendement. Aussi le flanquement qui vit le jour pour répondre à la nécessité de battre les angles morts des fossés des ouvrages, ne devait-il pas manquer de se généraliser, ce qui arriva, ainsi que nous le verrons.

La liaison de l'obstacle et du flanquement s'assure par l'étude conjuguée de leurs emplacements.

Cette conjugaison s'obtient par un choix judicieux du *tracé de la position*.

En particulier, les diverses formes des crêtes de feu peuvent être ramenées à quelques types dont il nous paraît inutile de rappeler les noms, bien connus des Officiers du Génie et d'ailleurs indiqués dans le Manuel du Chef de Section (Édition 1917, p. 247 à 255). Par extension ces noms pourront s'appliquer à un tracé d'ensemble.

II. — Le couvert

Le couvert protège le défenseur en lui permettant de faire usage de ses armes tout en s'exposant le moins possible. Il prend des formes très diverses, depuis le simple masque contre les vues, jusqu'au véritable abri actif. Le parapet d'une tranchée est une forme classique du couvert. A un certain point de vue le couvert est un *abri*. On réservera plus particulièrement le nom d'abri aux abris passifs.

III. — Les vues

Tout organisation défensive doit avoir des vues sur le terrain environnant. Les conditions de réalisation sont variables suivant l'armement, le rôle de l'organisation, etc. Nous y reviendrons plus loin. Dès maintenant nous nous bornerons à poser ou rappeler quelques notions d'usage courant qu'il n'est d'ailleurs pas inutile de préciser, au moins pour certaines d'entre elles et au sujet desquelles nous adopterons, en grande partie, la rédaction même du Manuel du Chef de Section (Édition 1917, p. 263).

En terrain uniforme, les vues étant sensiblement les mêmes en un point quelconque ce facteur n'a aucune influence sur le choix de la ligne de feu.

Par contre, en terrain accidenté, quand il s'agit d'occuper une crête, il peut y avoir indécision.

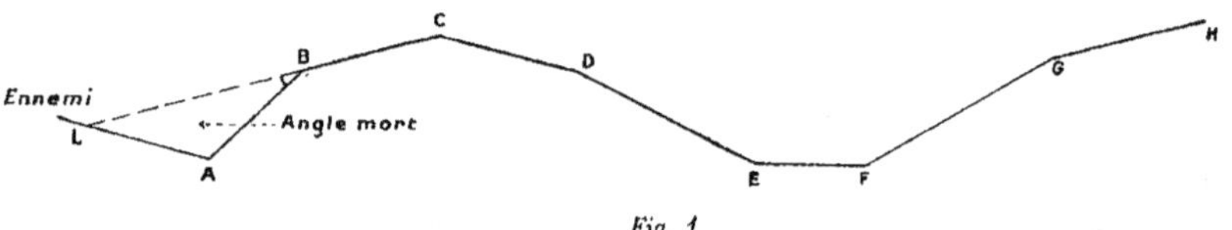

Fig. 1

On peut vouloir placer la ligne de feu en A (*fig. 1*) presque en bas des pentes ; on aura ainsi pour l'Infanterie de bons feux rasants, et le terrain en avant pourra aussi, en général, être battu par l'Artillerie, grâce aux observations faites en B. Mais le terrain en arrière de la tranchée est bien vu et bien battu par l'ennemi ; les mouvements et les contre-attaques y seront difficiles.

On appelle *crête topographique* [1] la ligne qui réunit les points les plus élevés du terrain.

On appelle *crête militaire* la ligne qui réunit les points jusqu'où il faut s'avancer en partant de la crête topographique pour découvrir entièrement le bas des pentes.

---

(1) Sous cette forme classique la définition est défectueuse. Ce qu'il faut dire pour parler correctement, c'est : la crête topographique est le lieu des points qui sur chaque courbe horizontale correspondent a une valeur minima de la plus grande pente.

En cheminant de la crête topographique vers la crête militaire, on a un angle mort ABL, A partir de la crête militaire et en descendant plus bas, on n'en a plus.

Si on place la ligne de feu en B, à la *crête militaire*, on y aura encore un bon champ de tir et surtout de très bonnes vues. Mais on y sera exposé aux vues de l'ennemi et, par conséquent, au tir réglé de son Artillerie ; de plus, on sera souvent mal appuyée par l'Artillerie amie sur la pente descendante BA. Les mouvements et les contre-attaques seront plus faciles que dans le cas précédent.

Sur la *crête topographique*, en C, on conservera des vues lointaines. Mais on aura devant soi un angle mort considérable, favorable à l'ennemi, et un champ de tir généralement faible.

PROPRIÉTÉ DE LA CONTRE-PENTE. — A *contre-pente*, en D, on n'aura plus de vues et l'angle mort sera encore plus grand. Mais on acquerra l'avantage considérable que la tranchée et ses réseaux échapperont aux vues de l'adversaire ; la circulation, les renforcements seront faciles ; le réglage de l'Artillerie adverse sera fort malaisé. Or il est établi que l'Infanterie ennemie est impuissante devant une tranchée et des réseaux presque intacts, même si le champ de tir de cette tranchée est peu étendu.

Ces avantages ont mis l'occupation de la contre-pente fort en honneur [1].

Cependant il faut se garder de l'employer systématiquement comme une solution générale.

En effet, les progrès récents de l'investigation aérienne et les méthodes de tir sur zones lui enlèvent une partie de son ancienne immunité.

Et d'autre part, il ne faut pas oublier que *la possession des observatoires est capitale*, d'où la nécessité de conserver des crêtes.

REMARQUE. — A cet exposé il nous paraît utile d'ajouter une remarque destinée à aller au devant de confusions possibles. Une déviation du sens du mot contre-pente a conduit certains Officiers à donner ce nom aux pentes FG du terrain qui se trouve en arrière de l'ondulation considérée. Il est certain que ces pentes jouissent en partie des propriétés de la contre-pente, mais évidemment pas de toutes. Il reste entendu ici que, pour nous, le mot contre-pente sera toujours pris dans le sens précis de la définition précédente.

IV. — L'échelonnement en profondeur

On désigne ainsi la propriété pour une organisation défensive d'être conçue de telle sorte que toute sa force de résistance ne se trouve pas répartie sur une ligne unique. On y parvient grâce à la création de lignes successives.

La création autour de nos forteresses de positions avancées et de soutien encadrant la zone principale de défense répond à cette idée.

La préoccupation de l'organisation en profondeur a été manifestée avec la plus grande insistance dans notre dernière Instruction sur la guerre de siège, qui préconisa même à cet effet la substitution des vocables de position ou de zone au lieu du mot ligne employé antérieurement, mot que l'auteur du règlement craignait pouvoir entraîner des idées fausses [2]. Nous verrons que cette notion fut confirmée et mise en relief d'une façon remarquable par l'expérience de la guerre actuelle, et que l'échelonnement en profondeur, qui est à la base de tout dispositif de troupes, se retrouve, comme il est d'ailleurs logique de le prévoir, dans tout système d'organisation défensive.

[1] Ces avantages avaient déjà été préconisés dès l'avant-guerre par plusieurs auteurs, notamment le Lieutenant-Colonel (aujourd'hui Général) Pierron de Mondésir.

[2] Instruction générale sur la guerre de siège du 30 juillet 1909, mise à jour conformément au rectificatif ministériel du 9 août 1913 (art. 88, 89 et 94).

V. — Le cloisonnement

On peut dire que le cloisonnement, c'est-à-dire la création de lignes de résistance

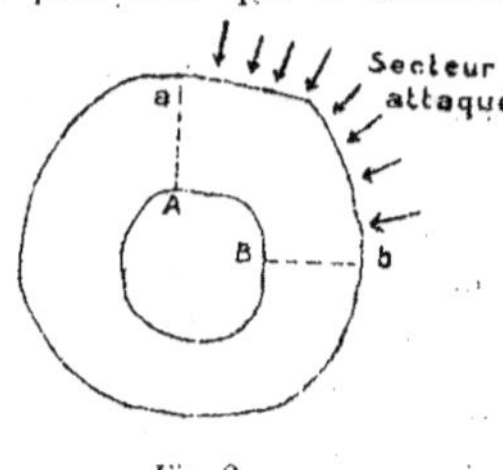

Fig. 2

radiales est une notion qui n'est devenue d'une utilisation générale qu'au cours de la campagne actuelle. Il n'était que rarement utilisé dans nos anciennes organisations. On peut citer comme exemple l'organisation d'une feste comprenant le fort d'Uxegney de la défense d'Épinal. Mais il est curieux de remarquer que là encore Vauban fut un précurseur. Pour la défense de Paris, il avait préconisé l'emploi de deux enceintes que l'on pourrait réunir pendant les opérations du siège, au moyen de deux transversales A*a*, B*b*, encadrant le secteur attaqué.

Ce système associait curieusement les deux notions de la profondeur et du cloisonnement.

VI. — Les communications

Les communications sont une partie vitale de toute organisation défensive. Elles comprennent aussi bien les moyens d'information et de Commandement (télégraphe, téléphone, etc.) que les moyens de transport : routes, ponts, véhicules, chemins de fer et, pour l'extrême avant, pistes et boyaux.

Le problème des communications a pris, au cours de la guerre actuelle, une ampleur considérable et une importance de tout premier ordre.

La question des voies de communication et la technique des liaisons sont deux branches fondamentales du rôle de l'Ingénieur militaire [1]. La chose est d'ailleurs explicitement rappelée dans l'article 10 du Décret du 2 décembre 1913 portant Règlement sur le Service des Armées en campagne. L'expérience acquise depuis a confirmé en tous points ces prescriptions, qui sont rappelées, notamment, dans le Manuel du Chef de Section d'Infanterie (Édition 1917, p. 299).

CHAPITRE III

Les organisations défensives créées depuis le début de la campagne jusqu'à la naissance du système des centres

---

1. — Enseignée, mais peu pratiquée en général et même objet de préventions injustes de la part de certains Officiers, l'organisation défensive des positions s'imposa dès le début de la campagne, par la force des évènements, sous la poussée d'un ennemi développant des effectifs et des moyens matériels insoupçonnés et utilisant lui-même largement l'abri par incrustation dans le sol dès que son avance se trouva brisée par notre victoire de la Marne.

En présence d'un tel ennemi, ainsi que le dit très justement le Lieutenant-Colonel Meullé-Desjardins, il fallut « se terrer ». Tout au début on rencontra de véritables trous de tirailleurs, transformés bientôt en éléments de tranchées formant à la fois abri et crête de feu, plus ou

---

[1] Des conférences spéciales sont faites à l'É. I. G. sur la question des routes et des liaisons.

moins mal protégée par du réseau, en général du réseau Brun, mais souvent aussi sans aucune espèce de protection.

C'est sous cet aspect que nous apparaît l'organisation en octobre 1914. A cette époque le haut Commandement prévoit la création d'organisation derrière le front des Armées. Ces organisations comprenaient des éléments de tranchées, mais les disponibilités ne permettaient pas de les garnir de réseaux. Elles comportaient des abris légers, copiés plus ou moins sur ceux que nous avions rencontrés dans les éléments repris aux Allemands. Il est d'ailleurs inutile d'insister sur leur constitution de détails, tous, sans exception, étant actuellement détruits ou inutilisables.

Bientôt naquit la notion de la nécessité de la continuité et dès le mois de novembre 1914, la ligne continue avec abris contre petits éclats, ou même obus de petit calibre, avait fait son apparition. Dans le secteur de Tracy-le-Val notamment, nous avons pu personnellement constater l'existence d'une pareille organisation déjà avancée à cette époque.

La rapide éclosion de la continuité des lignes est due certes aux facilités de transport et de communication qu'elle donnait, et, pouvait être recommandée par des vues purement techniques ; il faut reconnaître qu'elle fut surtout provoquée par une cause morale ; l'homme, et à un échelon plus élevé la petite unité, se sentait plus en confiance contre un péril d'enveloppement en se sachant en relation aussi sûre que possible avec ses voisins.

Comme toute chose juste, la continuité de la ligne est revenue en honneur, ainsi que nous le verrons, après avoir subi des critiques, qu'un observateur impartial reconnaîtra immédiatement comme applicable non pas à la ligne continue elle-même, mais à l'usage défectueux qui en fut fait : continuité de ligne ne veut pas dire continuité d'occupation. Il est notoire que dans certains secteurs, surtout les secteurs agités, on en était arrivé à une occupation à peu près continue. Aux Éparges notamment, nous avons pu constater, dans les premiers mois de 1915, un coude à coude constant, parfois un véritable empilage, rendant la circulation difficile, au point d'obliger assez souvent à sortir de temps à autre de la tranchée, et, présentant le grave danger de ne pouvoir échapper par déplacement latéral à l'effet d'une torpille dont on voyait pourtant nettement le point d'arrivée probable. Il y eut là une très mauvaise utilisation des lignes continues. Il faut le reconnaître, d'une part, pour éviter d'y retomber, d'autre part, pour éviter de condamner à la légère la continuité de la ligne, pour un fait dont elle n'est en aucun point responsable.

Mais peu à peu et assez rapidement dans certains secteurs, se fit jour l'idée de la nécessité de *l'échelonnement en profondeur*, — échelonnement réalisé par plusieurs lignes.

2. — Dès novembre 1914 apparaît déjà l'utilisation systématique des boyaux. Il est assez intéressant d'observer que l'utilité de leur création ne fut pas aussi rapidement admise par tous, que celle de la continuité de la ligne. Voici ce que dit à ce sujet le Commandant Meullé-Desjardins (aujourd'hui Lieutenant-Colonel) dans la remarquable conférence faite au C. É. G., en fin 1916 :

« On reconnut plus difficilement la nécessité des boyaux de communication. Au début, tous les ravitaillements, toutes les relèves se faisaient la nuit. Il en résultait des pertes de temps, des fatigues excessives et, chose plus grave, une diminution de sécurité, les nuits de relève étant des nuits de moindre résistance. »

« Je me rappelle notre étonnement quand au mois d'octobre 1914, le Général commandant le 33e C. A. donna l'ordre de relier par des boyaux la première ligne à la zone défilée de bois et de vallonnements qui se trouvait à 1.000 ou 1.500 mètres en arrière. Le travail nous semblait formidable. On en vint cependant rapidement à bout et c'est certainement à cause de de la création de ce système de boyaux permettant l'arrivée incessante du matériel transporté facilement de jour que l'organisation de tranchées sur cette partie du front d'Artois put en peu de temps être très complète. »

« Il est juste d'ajouter qu'aujourd'hui dans tous les secteurs un peu agités, la nécessité des boyaux est unanimement reconnue. Leur éloge n'est donc plus à faire. »

3. — A la fin de l'hiver 1914-1915 et au commencement de 1915, la situation des organisations défensives françaises, dans les régions où elle est le plus poussée, comporte essentiellement :

I. — Ligne de résistance

Une première ligne de résistance destinée à être défendue à tout prix, ligne continue, protégée par des réseaux qu'on fait aussi denses que possible, et, à peu près parallèles à la tranchée. Il faut observer qu'à cette époque l'utilisation du flanquement est assez rare, bien souvent nulle. Il en est tout autrement chez les Allemands dont, à d'autres égards, les organisations, en général plus poussées, ont néanmoins les mêmes dispositifs généraux.

L'absence de flanquement, chez nous tient à des raisons diverses. Ce procédé de défense si fécond fut souvent ignoré, parfois méconnu. Il faut reconnaître que l'absence, à cette époque, d'armes de flanquements à grand rendement suffisamment nombreuses, est une des raisons qui ont ralenti, chez nous, l'utilisation du flanquement.

Une caractéristique de l'établissement des premières lignes à cette époque était la tendance à la placer le plus près possible de la ligne adverse, à des distances tombant souvent au-dessous de 40 mètres.

II. — Ligne de soutien

Une ligne de soutien placée à une distance de la précédente variant de 100 à 200 mètres servant soit de point de départ à des réserves renforçant la défense de la première ligne, soit à des troupes destinées à contre-attaquer en cas de perte de celle-ci.

III. — Ligne de couverture d'Artillerie

.... *Une ligne de couverture d'Artillerie,* le plus souvent discontinue, parfois continue, mais d'autres fois réduites à quelques ouvrages isolés dits lunettes d'Artillerie qui servirent d'ailleurs d'embryon à une ligne ultérieure. C'est ainsi qu'à la suite des affaires de Mouilly, en fin avril 1915, fut créée à la hâte, dans le secteur de la tranchée de Calonne, une « lunette d'Artillerie », pour éviter le retour de fâcheuses pertes de pièces, lunette, qui plus tard fut englobée dans un ensemble continu.

IV. — Deuxième position

Enfin à cette époque apparaît déjà la *deuxième position,* souvent connue sous le nom de position de l'Armée, à une distance de 4 à 6 kilomètres de la première, c'est-à-dire telle qu'elle ne puisse être prise en même temps que celle-ci, sous le feu de l'Artillerie ennemic.

Cette organisation fut réalisée en Artois dès février 1915 (Commandant Meullé-Desjardins, loc. cit.) ; il s'en faut qu'il en fut ainsi partout ailleurs.

Aux Éparges notamment, la profondeur organisée ne dépassait pas 300 mètres en moyenne jusqu'en fin juin 1915. Ce n'est qu'à cette époque qu'on commença à établir sur la Crête de Montgirmont, à 700 mètres en arrière, une ligne vraiment digne de ce nom. Auparavent il n'y existait que quelques vagues trous. Toutefois on s'était préoccupé peu avant d'un barrage de la vallée du Longeau s'appuyant sur les Hures et allant rejoindre l'une des lignes de l'organisation du bois Haut, beaucoup plus poussée à l'époque et répondant assez bien au type défini ci-dessus et réalisé en Artois. La Planche I résume sommairement une organisation assez complète, française et allemande réalisée à cette époque en Artois. Dans ces organisations la ligne de surveillance réduite à des petits postes d'écoute n'a pas été figurée, pour éviter de charger le dessin.

CHAPITRE IV

Les organisations défensives depuis l'apparition du système des centres (fin 1915) jusqu'aux organisations actuelles (fin 1917)

I. — Les centres de résistance[1]

1° Inconvénients de l'organisation précédente

Comprise comme nous venons de le voir, l'organisation défensive exigeait des effectifs et une main-d'œuvre considérables.

Or la situation internationale nous obligeait à entreprendre sur certains points du front des actions offensives pour lesquelles il était nécessaire de créer des disponibilités.

D'autre part l'instruction des cadres et de la troupe en vue du combat offensif était, après un hiver passé dans les tranchées, presque entièrement à faire. Il fallait pour cela regrouper successivement en arrière du front nos grandes unités.

Réduire le personnel chargé de l'organisation et de la défense de nos secteurs devenait donc une impérieuse nécessité. On fut alors amené en haut lieu pour y satisfaire, à préconiser la substitution aux lignes continues de centres de résistance[2] séparés par des parties passives.

Le rôle essentiel du centre de résistance était de résister à toute attaque de front et surtout de battre les intervalles. C'était, a-t-on pu dire, comme les hautes tours qui étayaient et flanquaient les murailles des vieilles enceintes.

Quant aux intervalles on espérait en faire un obstacle assez fort pour qu'ils pussent conserver même après un bombardement intensif de plusieurs jours une valeur suffisante pour

---

(1) L'exposé de ce chapitre est emprunté textuellement à la conférence du Commandant Meullé-Desjardins, à l'exception des notes et de la description d'une organisation de position, celle de Belrain, établie en novembre-décembre 1915 et janvier 1916, suivant les directives générales de l'Instruction sur les travaux de campagne du 21 Décembre 1915.

(2) Le terme centre de résistance est pris ici dans un sens général. Dans la terminologie de l'époque le mot centre de résistance avait une acceptation plus particulière. Il nous paraît utile de fixer ces définitions pour éviter des confusions ; le mieux, pour cela nous semble être de reproduire le paragraphe : Organisation de l'Instruction sur les travaux de campagne, du 21 décembre 1915 :

« ORGANISATION

« **1.** — L'organisation d'une position ne comporte pas l'établissement d'une ligne de feu continue. La combinaison des feux de front et des feux de flanc permet de battre efficacement un terrain par des éléments distincts (tranchées, blockhaus, maisons organisées, etc.) séparés par de petits intervalles, tout en économisant le personnel, ce qui est précisément un des avantages de la fortification. Chacun de ces éléments est occupé par une garnison fixe, qui sera toujours une fraction constituée sous les ordres de son chef et dont l'effectif, variable suivant les circonstances, peut atteindre une section. »

« Ces éléments ne sont pas distribués uniformément le long du front : les formes du terrain, la nécessité d'avoir des feux plus denses sur un point que sur un autre, dans une direction que dans une autre, commandent cette distribution. »

« D'autre part, une ligne peut toujours être forcée en l'un de ses points ; il convient donc d'avoir en arrière des éléments qui entrent en action quand les premiers sont tombés. »

« On est ainsi conduit à grouper des éléments en largeur et en profondeur. »

« **14.** — On appelle point d'appui un groupe ainsi constitué d'éléments qui, par leur appui réciproque doivent permettre au défenseur de contenir et d'arrêter par son feu l'assaillant. »

« Le point d'appui est entouré d'un obstacle continu ; il peut comporter un réduit. »

« Il est toujours occupé par une unité constituée placée sous les ordres de son chef, responsable de la

empêcher l'ennemi de passer. Dans ce but on se proposait de substituer aux anciens réseaux de 10 à 15 mètres de largeur de véritables mares de fil de fer.

Des mitrailleuses en plein champ, piquées tous les 2 ou 300 mètres devaient collaborer avec les centres de résistance à la défense par le feu des réseaux intermédiaires.

2º L'organisation de Verdun

L'organisation du front Nord de Verdun, où avant l'offensive allemande la densité des troupes avait toujours été faible, était une application de cette conception.

Elle était la suivante :

La première ligne était constituée par des centres de résistance isolés, quelquefois reliés par un étroit boyau, rarement par un système de tranchées. L'intervalle entre deux centres était garni par un réseau de fil de fer d'épaisseur variable formant obstacle passif et battu par le feu des mitrailleuses placées dans les centres ou en plein champ.

La distance entre deux centres étant parfois considérable (1 kilomètre entre le centre D. de Béthincourt et Forges ; 1 kilomètre entre le bois des Caures et le bois d'Haumont) ; aucun boyau ne les reliait à l'arrière. Les mouvements se faisaient sous bois ; dans les parties découvertes les cheminements étaient artificiels, dissimulés aux vues par des haies.

L'organisation défensive de chaque centre se composait généralement d'un ensemble de lignes discontinues et non reliées entre elles.

EXEMPLE D'UN CENTRE, LE BOIS D'HAUMONT. — Ainsi le bois d'Haumont, sur la rive droite de la Meuse, comprenait une première ligne de postes isolés, entourés d'un réseau de fermeture et séparés les uns des autres par des entrelacs passifs.

Ceux-ci d'une façon générale, n'étaient pas battus par la ligne de soutien située elle-même à environ 200 mètres en arrière et composée d'ouvrages fermés. Aucun boyau ne reliait entre eux les ouvrages de première ligne, ni ceux-ci aux ouvrages de soutien. Le travail avait été commencé, mais malgré les efforts faits, n'avaient pu être terminé. Dans ces conditions la défense du bois n'était faite que d'ouvrages isolés, sans action en profondeur les uns sur les autres.

---

défense. L'effectif de cette unité dépend de l'importance du point d'appui ; ce sera généralement une Compagnie ou une fraction de Compagnie. »

« Les points d'appui seront répartis le long du front suivant l'importance des portions de terrain à tenir et des facilités d'assurer le flanquement ; ils seront donc groupés dans la largeur, laissant entre eux des intervalles. »

« **15.** — Mais la seule puissance du feu ne sera pas toujours suffisante pour assurer la défense d'une position ; le système défensif doit être organisé en vue de l'exécution de contre-attaques immédiates, destinées à reprendre toute partie de la position momentanément tombée aux mains de l'ennemi. A cet effet, il est indispensable d'avoir :

1º En arrière des points d'appui de première ligne, d'autres points d'appui destinés à limiter un succès de l'ennemi ;

2º Des troupes réservées destinées à exécuter des contre-attaques. »

« **16.** — On est ainsi conduit à grouper les points d'appui en largeur et en profondeur. Ces groupements prendront le nom de centre de résistance. La défense en sera confiée à une fraction (Bataillon, groupes de Compagnies), placée sous les ordres d'un chef unique, qui fournira la garnison des différents points d'appui et les troupes réservées. De l'Artillerie pourra parfois être attribuée à certains centres de résistance. »

« Le centre de résistance est généralement entouré d'un obstacle continu ; il comporte toujours un réduit, constitué par un ou deux points d'appui. »

« Les intervalles entre les centres de résistance sont battus par les moyens propres de chaque centre. »

« **17.** — La réunion de plusieurs centres de résistance sous un même Commandement forme un secteur. Chaque secteur dispose toujours de réserves propres, distinctes des centres de résistance. Il a généralement de l'Artillerie. »

« **18.** — La première position d'une organisation défensive est donc constituée par une ligne de centres de résistance. »

« En arrière, on organisera toujours une deuxième position et, s'il y a lieu, une troisième position dans les mêmes conditions. »

Sur la rive gauche, entre Béthincourt et Forges, l'organisation était analogue. Les ouvrages fermés étaient remplacés par de simples éléments de tranchées, en arrière desquels les villages de Forges et Béthincourt formaient réduits.

En arrière de la première ligne, dans une zone de deux à trois kilomètres, on avait organisé en centres un certain nombre de villages, bois, hauteurs (plateau des Caurières, bois de Wavrille, Beaumont, le Mort-Homme, Cumières, etc.).

3o Les centres devant l'attaque

Comment cette organisation s'est-elle comportée devant l'attaque allemande ?

La puissance des moyens employés a eu pour conséquence :

SUPPRESSION DE L'OBSTACLE. — La suppression de l'obstacle passif ; les réseaux même les plus denses, pilonnés par l'Artillerie lourde, ont en partie disparu.

SUPPRESSION DU FLANQUEMENT. — Les organes de flanquement chargés de battre les intervalles ont souvent fait défaut au moment du besoin. On comprend aisément que s'il faut un nombre considérable de projectiles pour bouleverser une ligne continue et en anéantir les défenseurs, il suffit de quelques coups malheureux pour réduire à néant toute la défense d'un intervalle passif, en supprimant le flanquement. Ceci a été d'autant plus fréquent que les centres par leur aspect caractéristique, qu'ils soient naturels (villages, bois) ou artificiels, sont devenus de véritables nids à projectiles, et ont été écrasés sous l'avalanche des obus de gros calibre.

La suppression du flanquement a achevé d'enlever toute valeur à l'obstacle passif même si celui-ci existait encore ; l'ennemi pouvant dès lors s'y infiltrer.

Enfin le bouleversement du sol a eu pour effet de diminuer l'amplitude des champs de tir et, par conséquent, l'efficacité des flanquements. Les énormes bourrelets de terre arrêtaient à la fois les vues et les feux et l'assaillant trouvait dans les trous de marmites une série de cheminements éminemment propres à l'infiltration.

4o L'agonie des centres

Les Allemands ont réussi de cette façon à faire progresser, dans les intervalles dégarnis, de petits groupes, dont la manœuvre enveloppante a fini par faire tomber nos points d'appui ou centres affaiblis et dont la résistance était limitée. Les défenseurs ne disposaient, en effet, que d'un approvisionnement réduit en cartouches, grenades, outils, vivres ; quelques contre-attaques locales achevaient de les épuiser et, tout renforcement étant impossible, les centres de résistance étant facilement isolés par des barrages d'Artillerie. Se voyant tournés, la pire chose qu'on redoute à la guerre, nos hommes se rendaient.

Le bois des Caures, le bois d'Haumont, Regneville, Forges, presque tous nos centres ont été pris de cette façon et malheureusement les pertes, particulièrement en prisonniers, ont été d'autant plus fortes que le courage et la ténacité des défenseurs étaient plus grands.

5o Conclusion

Que conclure de tout cela ?

LE FLANQUEMENT EST BON MAIS IL NE FAUT PAS COMPTER UNIQUEMENT SUR LUI. — C'est que si le flanquement est une arme excellente entre les mains de la défense — que de fois une mitrailleuse, bien placée sur le flanc d'une attaque, a arrêté l'élan de nos troupes, — s'il faut, par conséquent, l'organiser toujours, il ne faut pas compter uniquement sur lui.

Organisons solidement nos tours, mais garnissons aussi nos murailles.

Ainsi les centres de résistance ont fait faillite devant l'attaque allemande.

Mais entendons-nous bien : ce qui est condamné, ce sont les centres de résistance *isolés,* largement espacés, les centres, naturels ou artificiels, fermés généralement à la gorge, entourés d'une ceinture de fil de fer qui emprisonne les défenseurs et fournit à l'ennemi des défenses accessoires toutes faites lorsqu'il est parvenu à s'en emparer.

Par contre, il est bien évident que le groupement d'éléments bien combinés pour fournir une puissante résistance peut et doit, sous le nom de centre de résistance, être confié aux unités nécessaires, sous les ordres d'un chef appelé à coordonner tous les éléments de la défense. L'emploi d'un tel « Centre » est tout indiqué sur les points où il y a intérêt à intensifier la résistance.

Qu'on étende le vocable de centre de résistance à tous les groupements analogues qui, sous les ordres d'un même chef, constituent par leur juxtaposition notre première ligne de résistance, je n'y vois pas d'inconvénients, c'est une question de définition.

Mais, dans tous les cas, les centres de résistance que nous envisageons surtout comme centre de Commandement *doivent faire partie intégrante des lignes, et, ni par ses observations terrestres, ni par ses photographies, l'ennemi ne doit discerner nos points forts et nos points faibles.*

II. — La contre-attaque base de la défense

6° On ne croit plus à la résistance des lignes

En même temps que, sur une partie du front, se généralisait l'usage des centres de résistance, les procédés d'attaque étaient mis au point et perfectionnés, la quantité et la puissance de l'Artillerie mise en œuvre pour détruire les retranchements étaient accrues dans des proportions considérables.

Après les attaques du printemps et de l'été 1915, on conclut généralement à la possibilité d'obtenir la destruction totale des tranchées par l'emploi d'une quantité suffisante de tonnes d'explosifs. On ne pouvait plus compter dès lors sur la résistance indéfinies des lignes fortifiées. De plus, la nécessité de diminuer les effectifs de garde pour créer des disponibilités en vue d'opérations offensives et de la remise en main préalable des grandes unités était toujours aussi pressante. On chercha donc un système permettant :

1° De diminuer l'importance des pertes subies ;

2° De continuer la résistance au cas où la ligne aurait cédé ;

3° De permettre aux réserves disposées en arrière d'accourir pour rétablir la situation.

Dans ce but, tout en gardant le cadre des organisations existantes, il était prescrit :

a) De diminuer la densité d'occupation des premières tranchées dont la défense devait surtout être assurée par de petits groupes judicieusement répartis et des mitrailleuses.

b) De multiplier dans ces tranchées les abris de guetteurs, les casemates flanquantes à l'épreuve et les abris-cavernes.

c) De constituer sur tout le front et à tous les degrés des réserves soigneusement abritées pendant le bombardement et prêtes à contre-attaquer immédiatement.

La nécessité de multiplier les abris à l'épreuve, de prévoir et de préparer à tous les degrés des contre-attaques n'était pas discutable. Et, d'autre part, une trop grande densité n'augmentait pas sensiblement la puissance de la défense et augmentait toujours les pertes. Mais il était à craindre que les quelques groupes et les mitrailleuses laissées à la garde des tranchées, dont le nombre fut quelque fois réduit à l'excès, fussent incapables, en cas d'attaque, d'arrêter l'ennemi. Peu à peu, exagérant une théorie juste en son principe, il semble que beaucoup d'exécutants aient accepté comme un dogme l'impossibilité de maintenir l'occupation des tranchées sous le feu de l'Artillerie et qu'on ait moins songé à empêcher l'ennemi de pénétrer dans nos lignes que l'en chasser après qu'il s'y était installé.

— 21 —

7º Contre-attaques

Dans ces conditions la contre-attaque devenait *la règle*.

Ce système qui a, malgré tout, l'inconvénient de forcer la troupe de contre-attaque à se présenter à découvert contre un ennemi abrité, fut très souvent employé au début de la bataille de Verdun. Il a été coûteux et n'a, en somme, donné que de médiocres résultats.

Les contre-attaques avaient d'abord un caractère local. Faites par les réserves partielles, aussitôt l'irruption de l'ennemi dans nos positions, elles ont réussi chaque fois que la troupe de contre-attaque était installée à pied-d'œuvre et n'avait pas trop souffert du bombardement.

Contre-attaques partielles

L'exemple le plus typique est celui de la contre-attaque d'une Compagnie du 10ᵉ Chasseurs à pied qui, bien abritée dans le fort de Vaux, parvint, avec peu de pertes, à chasser l'ennemi d'une partie des tranchées qu'il venait de conquérir.

Une des conditions essentielles de la réussite des contre-attaques locales est donc l'existence d'abris à l'épreuve.

Contre-attaques d'ensemble

Quant aux contre-attaques d'ensemble qui ne bénéficient plus de l'effet de surprise, elles n'ont chance de réussir que si elles sont traitées *comme toutes les attaques,* c'est-à-dire soigneusement montées, avec décision et sans retard.

Pour cela une reconnaissance minutieuse de l'ennemi, une préparation d'Artillerie bien ajustée, une répartition judicieuse des troupes ne suffit pas, il faut aux troupes d'attaque une base de départ qu'il sera généralement trop tard d'établir au moment du besoin.

8º Préparation du terrain en conséquence

Si, par exemple, en arrière du bois d'Avocourt il y avait eu, *établie d'avance,* une tranchée d'encerclement d'où l'on aurait été en bonne posture pour se porter à l'attaque du bois, il n'aurait pas fallu 10 jours pour déclencher la contre-attaque. Ce temps avait été naturellement mis à profit par l'ennemi pour s'installer et s'organiser. Les difficultés de notre opération étaient donc sensiblement augmentées et cela explique que, malgré les sacrifices consentis, on n'ait obtenu qu'un demi-succès.

Retenons donc cette leçon qu'une autre condition essentielle de la réussite des contre-attaques est l'organisation préalable du terrain qui fournit aux troupes la base de départ dont elles ont besoin.

9º Les lignes tiennent plus qu'on ne le croyait

Le développement de la bataille ne tarda pas d'ailleurs à modifier nos idées en ce qui concerne la résistance des lignes. La possibilité pour le défenseur de maintenir l'occupation de la position, même sans abris, malgré les projectiles, les explosifs et les engins de toute nature employés par l'assaillant, fut reconnue.

Ce résultat a pu être obtenu :

1º En arrêtant, tout au moins en affaiblissant l'attaque avant ou pendant son débouché (tirs de contre-préparation et tirs de barrage) ;

2º En diminuant l'action destructive de l'Artillerie ennemie sur nos tranchées, à la fois par la destruction ou la neutralisation de la plus grande partie de cette Artillerie, par l'utilisation d'ouvrages dont le béton a résisté aux énormes projectiles de la guerre actuelle et, dans la mesure du possible, par le défilement de nos tranchées aux vues directes de l'ennemi.

Chose curieuse, le défilement n'a pas été obtenu seulement par les formes du terrain, mais par le manque de netteté de nos lignes ? Dans des terrains aussi bouleversés que celui de la crête de Thiaucourt, par exemple, elles n'avaient plus ce bel aspect net qui remplit de joie l'artilleur chargé de les détruire. Nos tranchées n'ont été souvent que l'aménagement de quelques trous d'obus tant bien que mal reliés entre eux et noyés au milieu d'autres trous semblables.

L'Artillerie ennemie avait fait du camouflage automatique et s'était elle-même rendu sa tâche plus difficile.

Est-ce à dire qu'il faille imiter ces tranchées chaotiques perdues dans un paysage lunaire ?

Évidemment non. Retenons-en seulement la nécessité de truquer nos lignes quand elles sont exposées aux vues directes de l'ennemi : de dissimuler les parties vitales, de les noyer dans un dédales de tranchées vraies ou fausses qui gênent le tir de l'ennemi.

10° Rôle de la contre-attaque

Mais le fait capital à retenir, c'est qu'il ne faut pas considérer la contre-attaque comme le commencement et la fin de la défense, mais comme un moyen supplémentaire très efficace auquel il sera souvent nécessaire de recourir en cas de rupture de nos lignes et que nous avons en conséquence l'impérieux devoir de prévoir et de préparer.

11° Étude d'une organisation établie suivant le système des centres

Il nous paraît intéressant de donner un exemple d'organisation de position par le système des centres. Le projet représenté (Pl. II) dû au Colonel du Génie Bejot, a reçu un commencement d'exécution notamment en ce qui concerne le placement des réseaux qui a été poussé très loin, tout au moins sur une épaisseur de 10 mètres, piquets de retraite non compris. Cette position est connue sous le nom de position de Belrain.

12° Description de la position de Belrain

La position de Belrain comporte une position avancée et une position principale.

Position avancée. — La position avancée est défendue par un rideau continu dont certaines parties organisées activement forment des centres de résistance. Les intervalles, traités passivement, sont battus le plus souvent par les flancs des centres de résistance, parfois par un organe détaché.

La défense des villages plus en avant est rattachée à cette ligne par des réseaux formant redans. La base du redan est la position avancée elle-même. Chaque centre de résistance est reliée à l'arrière par des boyaux. Quand ces boyaux passent à portée d'un bon emplacement ou le traversent, ils détachent ou reçoivent des tranchées destinées à faciliter la défense, soit en avant, soit au contact, soit en arrière de la ligne avancée ; dans ce dernier cas des réseaux particuliers auxdites tranchées sont nécessaires.

Position principale. — La position principale occupe la crête militaire du plateau quand cette crête est nettement formée et qu'elle n'est pas plongée par les positions ennemies. Si ces deux conditions ne sont pas remplies, la position se recule un peu sur le plateau, mais de façon à avoir un glacis propre et permettre le flanquement réciproque des centres de résistance. Chaque centre comporte : 1° des points d'appui de compagnie susceptibles d'une défense propre ; 2° une culasse se rattachant sans discontinuité à celle des centres voisins. L'ensemble de ces culasses forme ligne continue pouvant être organisée en ligne de réduits. La carte ci-jointe ne porte que la première ligne de la position des réduits.

a) *Points d'appui frontaux*. — Les points d'appui de compagnie définis ci-dessus occupent le front même du centre de résistance qui bénéficie ainsi immédiatement de leur solidité. Ils sont situés le plus souvent aux ailes de façon à en former des bastions et à battre aussi les intervalles. Ces derniers ne sont pas nécessairement fermés par des réseaux, mais des antennes s'échappent des réduits pour en éloigner les assaillants.

Quand un contrefort se rattache au plateau dans la région d'un centre de résistance, c'est un emplacement désigné pour un des bastions de ce centre, le résultat que l'on recherche n'étant pas seulement d'avoir une position qui se suffise à elle-même par un bon front et de bons flanquements réciproques mais aussi qui batte la vallée. D'ailleurs, les flanquements réciproques sont toujours améliorés par l'occupation des contreforts. L'action des centres sur la vallée devra être complétée par des tranchées avancées avec réseau et boyau de liaison ; ces tranchées seront indispensables quand le centre n'est pas sur la crête militaire. Même dans ce cas, elles sont nécessaires parce que des angles morts subsistent toujours en site montagneux. Ces tranchées devront être très rapprochées du front pour être d'autant plus faciles à évacuer et profiter des flanquements organisés en faveur des centres. Toutefois, elles devront être dérobées aux vues des parties du front les plus voisines pour n'être pas en butte à leurs coups et ne pas servir de parallèle de départ à l'assaillant. Il est tout indiqué d'utiliser les boyaux reliant la position avancée à la position principale pour servir d'attache à des groupes de tranchées tout près de cette dernière position.

Les boyaux qui limitent latéralement les centres et les rattachent à la ligne des réduits s'organisent défensivement et détachent des tranchées, les unes de repli dans l'intérieur des centres, les autres à l'extérieur pour battre les intervalles.

b) *Ligne des réduits.* — Cette ligne est continue, à contre-pente le plus souvent. Des centres de résistance devaient également y être prévus.

13° Remarques diverses auxquelles donne lieu l'examen du projet d'organisation de la position de Belrain

a) CONCEPTION D'ENSEMBLE. — La force de la position du plateau conduit à y placer une position principale. Toutefois la nécessité de ne pas abandonner sans lutte la vallée de l'Aire conduit à y créer une position avancée. La position principale joue d'ailleurs le rôle de couverture arrière d'Artillerie pendant la défense de la position avancée. Ces deux positions ne sont pas indépendantes ; elles sont liées l'une à l'autre comme l'est à la première position une position intermédiaire telle que celle définie ci-après (Cf. Chap. V, § III). Les considérations précédentes, qui ont conduit à l'adoption d'un ensemble de deux positions jumelées, l'une basse, l'autre sur les plateaux, sont à retenir quel que soit le système adopté : système des centres de fin 1915, ou système actuel, ou tout autre.

Ces positions jumelées sont reliées par deux bretelles reliant les centres 12 et X, d'une part, et 15 et XI, d'autre part. C'est une application du principe du cloisonnement étendu non seulement à l'intérieur d'une position mais à un système défensif d'ensemble. Le cloisonnement d'ensemble se complète d'ailleurs par l'organisation du boyau liant les ouvrages VIII et 12 et le rattachement de l'ouvrage 17 à l'ouvrage XIV. A signaler encore l'organisation du massif de Frouvemont, un réduit général de la partie de la ligne basse comprise entre les origines des deux bretelles définies ci-dessus.

La forme même de la position conduit aussi à considérer le bloc des ouvrages XIV à XVIII inclus comme jouant le rôle de réduit dans la partie de position basse s'étendant de l'ouvrage 16 inclus à l'ouvrage 12 inclus.

Ces remarques s'appliquent encore évidemment quelque soit le système d'organisation adopté et sont à retenir.

b) POSITION AVANCÉE. — Formée de centres séparés, tombe sous le coup de la critique faite au système des centres, mais néanmoins on s'est efforcé, tout en respectant le principe des centres séparés par des organes passifs, alors en vigueur, de réduire les inconvénients de cette solution en créant quelques éléments de surveillance dans les parties passives et surtout en assurant par des boyaux la liaison des centres avancés avec l'arrière..

L'auteur du projet, partisan du principe des centres jointifs ou tout au moins reliés d'une manière serrée, avait équilibré les parties passives et les parties actives de manière que les parties passives puissent éventuellement servir de parties actives.

Une variante initiale comportait l'introduction dans l'organisation des deux massifs qui se trouvent sur la droite joignant les numéros 15 et 18. Cette solution fut d'abord écartée au profit d'une ligne différente, celle des ouvrages 16 à 18, courant au bas des cotes du plateau portant la position principale. L'intérêt de la possession de ces deux mamelons était tel que l'on résolut ensuite de les défendre au moyen d'une avancée dont, pour simplifier, le réseau seul a été figuré sur la carte. L'établissement de cette avancée reçut d'ailleurs un commencement d'exécution.

c) Position principale. — Établie suivant le système des centres, mais on s'est imposé un cloisonnement serré et, pour éviter l'écueil dû à l'éloignement des points d'appui, on a cherché à ne pas exagérer les intervalles passifs. Enfin, on a assuré, en quelque sorte, la continuité entre centres de résistance par les quelques antennes jetées par ceux-ci. Bien que non prévu explicitement, on avait aménagé le flanquement par le canon. Quelques points sont particulièrement indiqués, les centres XIII et XV, par exemple. A l'heure actuelle sont préconisées, à juste titre, les organisations souterraines ; il y aurait intérêt à établir en ces points une installation d'ilots comprenant des casemates à canon pour le flanquement d'ensemble de la position.

En adoptant pour tracé général de la ligne de résistance celle qui est dessinée par les lignes frontales des points d'appui, on passerait aisément de la solution du projet à celle qui résulte des conceptions actuelles. Il y aurait lieu de faire passer la ligne de soutien en arrière de la gorge des points d'appui frontaux. La ligne des réduits adoptée dans le projet est bien à contre-pente ; elle est, en quelques points, un peu rapprochée de la ligne de résistance, pour satisfaire aux désiderata actuels (Chap. V, § IV) ; elle pourrait néanmoins être conservée. Dans un projet entièrement neuf, elle serait un peu reculée.

A noter la manière dont les ouvrages XIX et XVIII inclus se rattachent à la ligne générale des réduits. Ils viennent s'y appuyer par l'intermédiaire d'un grand redan dont la gorge n'est autre qu'un élément de la ligne générale des réduits.

Ce grand redan fermé, sauf naturellement les passages ménagés, a été prévu, organisé en réduit général du groupe d'ouvrages. Ses dimensions lui permettent de n'être pas un nid à obus, surtout que, tout au moins au début de l'action, il est en partie masqué par les arbres dont la présence empêche un réglage. Il y aurait possibilité et même intérêt à établir dans ce redan un réduit intérieur dans le genre de celui qui est figuré sur la carte, réduit comportant des mitrailleuses, V. B., etc. Tout ceci est encore applicable dans le système actuel ; pour réduit intérieur, la création d'un puissant ilot souterrain est indiqué au premier chef. Ainsi qu'il résulte de l'examen du projet, celui-ci comporte une véritable ligne de surveillance (Cf. Ch. V, § IV). Elle est discontinue mais formée d'éléments de longueur sérieuse. Elle échappe en partie aux postes d'écoute isolés. On pourrait parfaitement admettre ces éléments pour jalonner une ligne de surveillance.

CHAPITRE V

Les conditions actuelles d'une organisation défensive

But de la défense. — Les moyens : organisation, contre-attaques. — L'échelonnement en profondeur : plusieurs positions, dans chaque positions plusieurs lignes. — Comment les comprendre. — Occupation des positions. — Communications. — Cloisonnements. — Contre-attaques. — Abris. — Dépôts. — Batteries. — Utilisation des localités et des bois. — Aménagement d'arrière : Routes et voies ferrées. — Ambulances. — Hôpitaux. — Dépôts. — Bivouacs et camps. — Service télégraphique. — Service des camps. — Plan d'organisation du terrain. — Plan de défense et plan de renforcement. — Aménagement en vue de la réalisation des plans de défense ou de renforcement. — Aménagement d'un terrain après une période d'attaque.

I. — But de la défense

Le but de la défense est chez nous *l'infrangibilité du front.* Ce principe est posé d'une façon formelle par la note n° 2716, G. Q. G., 3ᵉ Bureau, du 3 avril 1916[1] ayant pour titre « Note relative aux enseignements à tirer des affaires de Verdun ». Il est d'ailleurs remarquable que bien qu'en pays envahi les Allemands formulent la même prescription en des termes à peu près pareils.

II. — Les moyens

L'étude des faits de guerre depuis deux ans de lutte incessante permet d'arriver à créer un corps de doctrine sur les moyens à employer pour assurer cette infrangibilité. Ces moyens sont : d'une part, *l'organisation même* du terrain ; d'autre part, *la contre-attaque.* Ils sont d'ailleurs liés l'un à l'autre faisant apparaître dans l'intérieur même des procédés défensifs le jumelage inévitable des questions d'offensive et de défensive. Saisissons l'occasion pour rappeler, dès à présent, que l'étude de l'organisation défensive du terrain doit être conduite de manière à passer à une action offensive à la première occasion.

III. — Échelonnement en profondeur

La nécessité de l'échelonnement en profondeur a déjà été mise en évidence ; nous n'y reviendrons pas. Examinons, en fixant quelques dimensions au passage, comment il doit être réalisé.

Tout d'abord, quel que soit l'effort consacré, il peut arriver que la fortune des armes nous soit défavorable sur un point ; d'autre part, il faut éviter qu'un échec local n'entraîne des conséquences graves. D'où la nécessité d'une position de repli. Pour jouer son rôle, celle-ci doit être totalement à l'abri d'une préparation d'Artillerie effectuée des positions de batteries agissant sur

---

[1] Pour répondre au désir de nombreux Officiers nous indiquerons ici divers documents officiels qui servirent à fixer la doctrine et auxquels peuvent avoir à se référer ceux de nos camarades chargés d'une étude d'organisation défensive.

Nota. — Depuis la rédaction de cette partie du travail est parue l'Instruction du 22 août 1917. La note [1] est donc sans objet. Les références n'en sont pas moins intéressantes au point de vue documentaire.

la première position. Cela fixe la distance à laquelle doit être établie la seconde position. Elle doit se trouver à une distance de la première ligne de la première position, de l'ordre de 6 à 8 kilomètres.

En principe elle est constituée comme la première position. Il n'y a donc pas lieu de procéder à une étude particulière de la deuxième position. Il y a tout intérêt à l'établir en période calme, de manière à s'assurer tout le temps nécessaire à sa construction. Sa distance de la première position assure des conditions de travail suffisamment tranquilles pour qu'on puisse mettre en œuvre des moyens techniques assez considérables et perfectionnés. C'est en obéissant à ces préoccupations que les Allemands ont établis leur ligne Hindenburg [1].

On peut évidemment construire une troisième, une quatrième position.

Leur opportunité est une question d'espèce à déterminer par le Commandement. A titre d'exemple, les Allemands ont construit, à notre connaissance, au moins trois positions de repli successives, certaines encore en cours d'exécution dans la région limitée par Lille et Metz.

L'éloignement de la seconde position ne lui permet pas de jouer certains rôles, pourtant nécessaires, liés ou non aux actions qui se passent sur la première position, et exigent une profondeur d'organisation supérieure à celle de la première position qui, comme nous le verrons, est de l'ordre de 1.000 à 1.500 mètres.

Ces rôles sont dévolus à une, ou parfois plusieurs positions intermédiaires. Tel sera le cas où l'on voudra organiser une *ligne de couverture d'Artillerie* pour batteries éloignées.

Ceci nous amène à dire deux mots des *emplacements de batteries* et à attirer l'attention sur ce point capital trop souvent méconnu : que l'organisation d'une position ne devrait jamais être faite indépendamment des questions d'Artillerie, notamment des observatoires et, pour l'étude d'ensemble, des batteries.

Suivant que les circonstances commandent la défensive ou l'offensive, il y aura intérêt à diriger des concentrations de feu plutôt sur les premières lignes ennemies (barrages, destructions de travaux, etc.) que sur les arrières. Il en est tout autrement dans l'attitude offensive où il y a tout intérêt à maîtriser les nœuds de communication (passage des réserves, des munitions) et à bombarder les organes vitaux (P. C.) et les rassemblements de réserves.

Dès lors :

Dans la *défensive* il y aura intérêt à placer l'Artillerie relativement loin, tout en préparant d'avance les déplacements plus avancés que l'on *utilisera dans l'offensive*.

Là question de l'opportunité d'affecter plus spécialement à une ligne déterminée le rôle de couverture d'Artillerie est une question de Commandement. Notre Règlement sur la Guerre de siège était très explicite à ce sujet et tranchait par l'affirmative (Instruction générale du 30 juillet 1914 sur la Guerre de siège, art. 89). Le Règlement allemand sur la guerre de position (1re partie, section A, no 2) est également très explicite mais tranche par la négative. A l'heure actuelle, les deux solutions sont adoptées en France. Dans le G. A. N. la nécessité de la ligne de couverture est précisée à deux reprises par des notes de principe du 30 mars et du 19 juin 1917. Dans le G. A. C., les solutions adoptées varient avec les Armées. En particulier, l'une d'elles préconise nettement la création d'une ligne de couverture d'Artillerie (IVe Armée, Note no 6560 du 3e Bureau, en date du 17 janvier 1916). A notre avis, il est de toute utilité de mettre à proximité et à la disposition immédiate des batteries d'Artillerie une organisation en permettant la défense propre. On évite ainsi des surprises fâcheuses (Cf. Chap. III, no 333). C'est dire que nous considérons comme souhaitable la création d'une ligne de couverture d'Artillerie.

Si on admet ce principe, il résulte de ce qui précède que, logiquement, il y aura lieu de créer deux lignes de couverture : celle des batteries rapprochées, qui pourra se confondre avec la ligne des réduits (voir ci-après) et celle des batteries éloignées formant position intermédiaire.

---

[1] Cf. Annexe no 2.

IV. — Constitution d'une position

1° L'échelonnement en profondeur.

Dans chaque position, l'échelonnement en profondeur est constitué par plusieurs lignes.

La Note générale n° 22805 du G. Q. G., en date du 26 août 1916, impose, au point de vue défensif, trois lignes successives, la ligne de surveillance, la ligne de résistance, la ligne des réduits. La notion de place d'armes pour les réserves visées dans cette Note se rapporte plutôt à un but d'organisation offensive, quitte d'ailleurs à utiliser comme telles les parallèles [1] de l'organisation défensive, ce qui est tout à fait une solution recommandable.

Mais l'échelonnement même des troupes d'occupation conduit sans difficulté à reconnaître la nécessité d'une quatrième ligne comme un minimum à recommander. En effet, la ligne des réduits doit être hors de la zone d'action des minenwerfer. D'autre part (loc. cit.), cette ligne doit pouvoir jouer le rôle de couverture rapprochée d'Artillerie, ce qui conduit à la placer à une distance de 1.000 à 1.500 mètres de la première ligne, chiffre préconisé par divers documents [2]. En tenant compte de la distance habituelle des barrages ennemis et des conditions physiologiques de la marche, on est conduit à assigner en gros une distance de 150 à 250 mètres entre la ligne de résistance et la ligne de surveillance. Ce chiffre est à peu près universellement adopté. Cela place la ligne de résistance dans une région un peu voisine de la première ligne pour y placer des P. C. de Compagnie bien que le fait se produise. Pour la même raison, il y a lieu d'éviter d'accroître la garnison de la ligne de résistance outre mesure et d'ailleurs conformément à la tactique générale d'Infanterie, les unités de résistance doivent être pourvues de soutiens. C'est avec ses derniers que doit se trouver le Capitaine. D'où découle très naturellement l'utilité de la création d'une ligne de soutien, beaucoup plus avantageuse pour les débouchés des abris de soutien que quelques fragments isolés. Ces considérations sont encore renforcées par celles de la garde du terrain qui, sans une ligne de soutien, se trouve, sur un espace de 800 mètres, uniquement confiée aux feux des réduits. En fait, et de l'examen des efforts d'organisation tentés sur les fronts des trois Groupes d'Armées du front français, il résulte que l'unanimité s'est faite sur ce point et que l'organisation type minima, admise à l'heure actuelle, comprend quatre lignes, savoir :

> *Ligne de surveillance ;*
> *Ligne de résistance ;*
> *Ligne de soutien ;*
> *Ligne des réduits.*

La nécessité d'échapper, autant que possible, aux vues terrestres de l'ennemi conduit à préconiser l'emploi des contre-pentes pour la ligne principale et *a fortiori* pour les suivantes, au moins autant que le permettent les circonstances locales. D'autre part, il est indispensable que la ligne de surveillance ait des vues. La réalisation de ces deux conditions peut conduire à séparer deux lignes par un intervalle trop considérable, de l'ordre de 400 à 500 mètres par exemple. On peut concilier ces deux conditions en créant entre les lignes de surveillance et de résistance une ligne intermédiaire. Cette ligne, pour écocomiser du travail, en général, ne se développera pas sur toute la position, est assez couramment connue sous le nom de *ligne de doublement.*

Pour toutes les tranchées de tir il faudra de plus se préoccuper d'assurer un champ de tir frontal suffisant. Actuellement les tendances sont pour admettre des champs de tir que l'on aurait considérés autrefois comme tout à fait insuffisants. Le Manuel du Chef de Section admet formellement des champs de tir de 100 mètres. C'est très admissible, mais il faut éviter l'écueil de laisser les exécutants entraînés par cette tendance tomber à des limites inadmissibles, ce qui se présente assez souvent.

---

[1] Parallèle : Ce sont sous un vocable différent les lignes parallèles au front dans leur allure générale.

[2] Cf. Note n° 6560 du 17 janvier 1917, IVe Armée.

Le vocable de *ligne de doublement* employé ci-dessus, nous amène à mettre en garde contre une confusion possible due à une similitude de termes. On avait préconisé autrefois la création, derrière chaque tranchée active, d'un boyau de circulation situé à une quarantaine de mètres, qui servait de voie de communication et de débouché aux abris. Actuellement, avec la diminution de densité d'occupation, elle ne correspond plus à un besoin aussi réel ; son établissement et son entretien alourdissent considérablement les charges de main-d'œuvre. Bien que prévue par le Manuel du Chef de Section (Édition 1917, p. 256), elle n'est plus à recommander hormis peut-être quelques cas très spéciaux où elle ne serait plus réellement une tranchée de doublement au sens précédent, mais une véritable tranchée active destinée à intervenir en cas d'insuffisance de la première. Nous croyons d'ailleurs pouvoir dire que la tendance générale actuelle est d'abandonner la construction de ce genre de tranchées de doublement.

Pour achever ce qui est relatif à l'organisation d'ensemble d'une position, il nous reste à parler des cloisonnements. Ceux-ci sont obtenus au moyen des boyaux encadrés d'un réseau de chaque côté et munis de postes de grenadiers, etc. On obtient ainsi un *compartimentage du terrain* permettant de limiter les efforts d'une percée de l'ennemi en un point du front.

Les principes précédents permettent de construire un schéma d'organisation type en tenant compte bien entendu des nécessités de défense par le feu, notamment des flanquements.

Nous avons représenté (Pl. III) une organisation d'un secteur de Régiment à 1 kilomètre de front, avec un Bataillon en ligne, sur laquelle nous reviendrons ci-après, mais qu'il nous paraît utile de signaler d'ores et déjà pour permettre de suivre d'une manière plus instructive l'exposé des principes que nous développons. Nous nous sommes préoccupés d'appliquer ces principes à un terrain réel très simple permettant l'utilisation d'un schéma théorique sans modification. Nous donnons d'ailleurs un exemple tout à fait différent (Cf. Pl. IV), pour montrer comment ces prescriptions peuvent s'assouplir à divers cas de la réalité. Ces exemples ont été choisis parmi les projets soumis aux Lieutenants, élèves de l'É. I. G. Ils ont d'ailleurs été rédigés d'après les bases fournies par les études présentées par ces officiers.

Pour suivre de la façon la plus simple la fin de cet exposé général, il conviendra de se reporter plus spécialement à la Planche III qui correspond à un cas d'une simplicité théorique.

V. — L'obstacle et le flanquement dans l'organisation actuelle d'une position

Chaque ligne est constituée, en principe, d'un obstacle et des flanquements correspondants et d'une tranchée qui sera organisée sur une partie de la longueur en tranchée de tir et sur le reste en boyau de circulation.

A. — L'OBSTACLE DOIT ÊTRE CONTINU. — Là-dessus tous les avis et toutes les Instructions sont unanimes. Il n'y a pas lieu de s'y arrêter. Quant à la nature de l'obstacle, on peut dire qu'à l'heure actuelle, dans la grande majorité des cas, il est fait appel, à peu près uniquement, au réseau et à ses variétés. Nous n'y insisterons pas, cette question devant être reprise dans les études de détail.

Il y aura presque toujours intérêt à construire un obstacle double, ou, si l'on veut, pour préciser, une double ligne de réseaux.

Dans le cas où on adopte un double réseau, il est rationnel de mettre, autant que possible, leurs lignes extérieures à une quarantaine de mètres l'une de l'autre pour éviter leur destruction simultanée par un même tir. Cela résulte de la valeur des écarts probables des diverses pièces ennemies [1].

Ce procédé de double réseau permet de satisfaire à deux desiderata opposés.

D'une part, il importe d'assurer à l'occupant d'une tranchée une protection contre un coup de main, ce qui entraîne pendant une nuit noire la nécessité de repérer à l'oreille une

____

[1] Cf. Capitaine Billiard (*Effets du tir,* etc., n° VI).

agression contre le réseau. Ceci impose de ne pas placer celui-ci à une distance trop grande. On peut admettre pour la ligne extérieure une quarantaine de mètres comme maximum de distance à la tranchée protégée. D'autre part, la considération de l'écart probable des pièces ennemies et la nécessité de se mettre à l'abri des jets de grenades d'un bon grenadier moyen recommandant également de ne pas tomber au-dessous de cette distance.

De ces considérations, il résulte que la sécurité immédiate de la tranchée conduit à adopter un réseau qui court à peu près parallèlement à celle-ci, son panneau frontal à 40 mètres environ. Un tel réseau ne peut donner naissance à de grands flaquements. On peut néanmoins, et il est bon de le faire, arriver à le disposer de manière à lui assurer une légère indépendance par rapport au tracé de la tranchée en le disposant de manière à obtenir, dans la mesure du possible, un flanquement de détail intéressant. Un tel flanquement, qui aurait une action légèrement d'écharpe sur l'ensemble d'une ligne d'assaillants en même temps qu'une action de flanquement proprement dit sur le réseau serait très avantageusement obtenue par F. M. On peut, d'ailleurs, évidemment y employer aussi le fusil. Il y a lieu de ne pas dépasser, dans ce genre de flanquement, 400 à 500 mètres pour la longueur du réseau flanqué, eu égard aux propriétés du fusil-mitrailleur.

D'autre part, pour utiliser les armes à grand rendement, mitrailleuses ou même canon, il y a tout intérêt à avoir de très larges flanquements. Ainsi, avec la mitrailleuse, on pourra rechercher des flanquements de l'ordre du kilomètre. Disons d'ailleurs tout de suite que les conditions de terrain empêcheront en général l'utilisation de telles longueurs et qu'en général il faudra se montrer satisfait de rencontrer des flanquements de mitrailleuses de 400 à 600 mètres.

En résumé, on peut dire que la longueur des flanquements à rechercher par F. M. est de l'ordre de la moitié de la longueur de ceux qui conviennent à la mitrailleuse et que l'ordre de ces derniers est du kilomètre.

Ce qu'il faut éviter, c'est de tomber dans des longueurs beaucoup trop faibles qui feraient perdre à l'arme employée tout l'avantage du grand rendement que l'on peut attendre de ses qualités de tir.

De tels réseaux doivent donc nécessairement s'écarter des lignes assez considérablement. Ils forment un système, lié naturellement aux systèmes flanquants, mais indépendant à la fois du premier réseau et de la tranchée (fig. ci-après).

On retrouve, habillé à la moderne, le principe, posé par le Commandant du Génie Choumara (1787-1870) de l'indépendance des crêtes et des magistrales.

Le système précédent, parfois appliqué chez nous où il a été préconisé par certains officiers qui donnaient au réseau extérieur le nom d'épis [1], a été préconisé d'une façon systématique chez les Allemands par von Below [2] et appliqué à la ligne Hindenburg [3]. En France, ce système commence à être employé d'une façon assez générale après avoir débuté dans les secteurs reconquis de la région de Saint-Quentin.

---

[1] A la vérité, le système des épis constituait plutôt un réseau continu plus ou moins rapproché et de

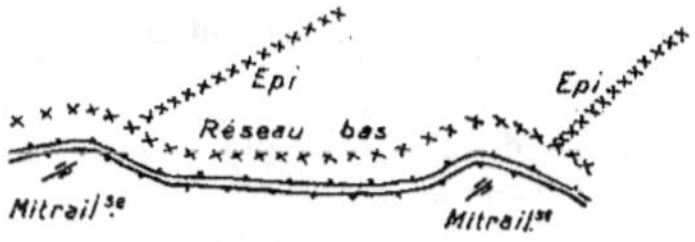

grandes bandes, sans liaisons entre elles, émergeant de la position et coupant le champ de progression d'une attaque.

[2] Enseignements tirés de la bataille de la Somme.

[3] Voir Annexe.

Nos Instructions insistent sur l'indépendance des couverts et des réseaux, ce qui conduit, comme nous l'avons vu, à l'adoption de ce procédé. Il jouit de la grande qualité de réaliser rapidement l'éloignement de 40 mètres entre les frontales des réseaux, éloignement recommandé pour les raisons énumérées ci-dessus.

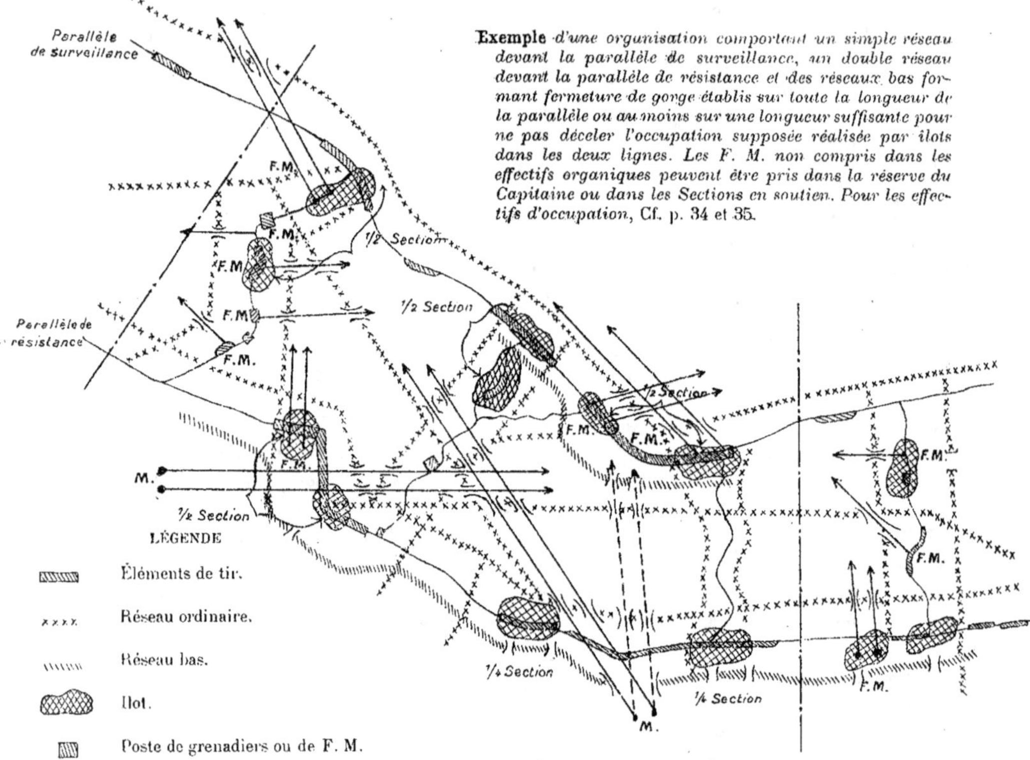

Exemple d'une organisation comportant un simple réseau devant la parallèle de surveillance, un double réseau devant la parallèle de résistance et des réseaux bas formant fermeture de gorge établis sur toute la longueur de la parallèle ou au moins sur une longueur suffisante pour ne pas déceler l'occupation supposée réalisée par ilots dans les deux lignes. Les F. M. non compris dans les effectifs organiques peuvent être pris dans la réserve du Capitaine ou dans les Sections en soutien. Pour les effectifs d'occupation, Cf. p. 34 et 35.

Schéma d'une ligne de résistance à double réseau précédée d'une ligne de résistance à simple réseau

Échelle approximative : $\frac{1}{5\,000}$

On aura, d'ailleurs souvent intérêt à constituer par endroits de véritables ilots de fil de fer dont les lignes extérieures sont comprises à l'intérieur des réseaux flanqués ou qui viennent se fondre dans ceux-ci (Cf. Pl. III).

B. — Flanquement local et flanquement général. — Le flanquement peut être organisé à l'intérieur d'un ouvrage par des organes lui appartenant : c'est le flanquement local (Exemple, flanquement des fossés des forts), ou être obtenu sur un élément d'organisation par des pièces qui lui sont étrangères : c'est le flanquement général (Exemple : flanquement des intervalles par les casemates de Bourges des forts).

Dans une étude d'ensemble, il est du plus haut intérêt de ne pas négliger la question des flanquements généraux De leur détermination résulte la nécessité déjà plusieurs fois signalée de l'étroite collaboration du fortificateur et de l'artilleur auquel il faudra souvent faire appel pour les flanquements généraux. Sur l'organisation dont il a déjà été question (Pl. II) l'ouvrage XVI, par exemple, pourrait donner de magnifiques flanquements généraux vers le Nord, sur les pentes Est de l'organisation.

C.   Caractères particuliers des éléments d'une position. — Les considérations précédentes s'appliquent à toutes les lignes. Passons maintenant rapidement en revue les particularités relatives à chacune d'elles. Nous examinerons les quatre lignes fondamentales définies précédemment (surveillance, résistance, soutien, réduits). On en déduit immédiatement l'organisation d'une ligne de doublement ou de toute autre ligne intermédiaire dont la création s'imposerait. Il ne sera plus question des obstacles et flanquements qui ont fait l'objet des paragraphes précédents.

1º Parallèle de surveillance

Au sujet de la continuité de la ligne de surveillance, les opinions divergent : les uns la veulent réduite à de petits-postes, les autres continue. Nos Règlements et nos Instructions, ou sont muets là-dessus, ou laissent à chacun sa liberté de conception. Nous préconisons nettement la continuité pour les raisons suivantes :

1º Un guetteur isolé est moralement en situation d'infériorité pour accomplir sa mission. D'autre part, il peut être pris si on coupe le pédoncule qui relie son poste d'écoute à l'arrière. Donc, il faudra une ligne de surveillance, sinon continue, au moins suffisamment longue pour comporter plusieurs guetteurs et un déplacement latéral facile de ceux-ci en cas de nécessité ;

2º En cas de passage à une situation offensive, il y aura lieu de procéder à la création d'une parallèle de départ. Celle-ci sera à 300 mètres environ de la première tranchée ennemie [1] étant entendu que ce chiffre ne doit pas être pris dans son sens absolu. Or, en bien des points, c'est la distance à laquelle se trouvera judicieusement placée la ligne de surveillance. D'où l'intérêt de créer dès l'abord, c'est-à-dire en situation défensive, celle-ci continue pour éviter de démasquer des projets offensifs.

Il reste entendu que si des points particuliers l'imposent, on pourra exceptionnellement créer quelques postes d'écoute. Il faudra les camoufler ainsi que leurs boyaux d'accès, ce qui sera possible étant donné qu'ils seront en petit nombre.

L'ensemble de la ligne de résistance devra être commandé par la nécessité de remplir effectivement son rôle, c'est-à-dire de voir. Il pourra même exceptionnellement y avoir intérêt, par exemple, pour protéger un observatoire important ou parce que, sur une partie de sa longueur, elle est particulièrement à l'abri d'une agression heureuse par la puissance de sa position, à la traiter en première ligne de résistance [1]. A titre d'exemple, ce sera le cas lorsqu'il s'agira d'organiser un plateau terminé vers l'ennemi par un talus très raide suivi ou non d'un obstacle sérieux. La partie traitée en ligne de résistance se réunira à la ligne de résistance générale par des bretelles. Ce procédé a été employé à notre connaissance en diverses parties du front français.

D'après la note nº 3005 du G. Q. G., en date du 10 mars 1917, il y a lieu d'éviter l'emploi de mitrailleuses dans la ligne de surveillance. Pourtant, dans certains cas d'espèce et à titre exceptionnel (dans l'exemple indiqué ci-dessus pour fixer les idées), il pourra être dérogé à cette règle. Il pourra même dans certains cas (exemple cité) y avoir intérêt à créer des casemates souterraines. Ce sera même en général une occasion particulièrement bonne de le faire. Ne pas hésiter alors à relier celles-ci à l'intérieur par une communication souterraine assez longue, prolongée s'il le faut par un boyau couvert sur une longueur suffisante pour ne pas déceler son point d'aboutissement.

La même Note proscrit [2] les grands abris profonds en ligne de surveillance. Il y aura

---

(1) C'est-à-dire avec les mêmes moyens d'action, étant bien entendu que le vocable parallèle de surveillance ne doit pas être considéré par l'occupant comme l'autorisant à évacuer cette ligne.

(2) Une Note du 25 décembre 1916 du G. Q. G. allemand, publiée à la date du 4 mars 1917 par le G. Q. G., émet d'ailleurs les mêmes prescriptions et proscrit formellement les abris profonds dans les lignes avancées. Il est à remarquer que les Allemands se sont efforcés de rechercher un type d'abri, muni à ses entrées d'une sorte de garde, qui pût permettre d'éviter toute surprise à ses habitants. Ce type nous paraît d'ailleurs donner lieu à des critiques assez sérieuses mais pourrait être amélioré.

lieu de n'y installer que des abris légers de guetteur. Les petites tôles ondulées cintrées paraissent devoir rendre de bons services à cet égard.

Les flanquements, qui seront d'ailleurs en général de faible portée, seront assurés par fusils-mitrailleurs ou au besoin par les fusils des guetteurs.

Remarque. — Les fusils-mitrailleurs, comme les mitrailleuses, devront, en principe et autant que possible, se trouver en des emplacements situés hors des tranchées, camouflés et réliés au système général par des communications couvertes (Note n° 22705, 3e Bureau, G. Q. G., en date du 25 août 1916). Cette prescription ne doit pas être considérée comme formelle, mais comme une directive, le Manuel du Chef de Section (p. 267), postérieur à la Note susvisée, prévoyait parfaitement des mitrailleuses à proximité des tranchées. Employer naturellement le camouflage le plus soigné (fig. ci-dessous).

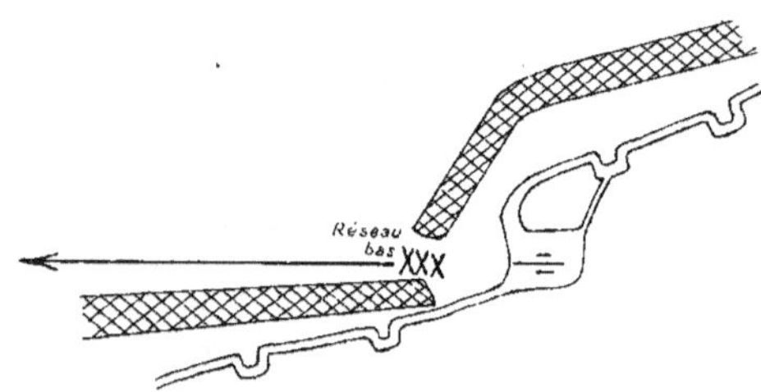

Cette remarque s'étend également aux observatoires et est, bien entendu, applicable non seulement aux éléments de la ligne de surveillance, mais à ceux de toutes les autres lignes.

2° Parallèle de résistance

La ligne de résistance est à établir continue. Elle peut comporter des flanquements par mitrailleuses. Pour mériter son nom de ligne de résistance, il faut qu'elle possède des abris à l'épreuve pour toute la garnison. Ceux-ci peuvent d'ailleurs avantageusement ne pas être situés dans la ligne elle-même, mais il faut alors que les boyaux qui les desservent et les réunissent à la ligne qui leur sert de chemin d'accès soient soigneusement camouflés. Sans cette précaution, la séparation des abris d'avec la ligne serait plus mauvaise que bonne.

On pourrait même recommander d'établir dans les abris des sorties en pleine campagne en vue des contre-attaques, tandis que les sorties et entrées normales se feraient par la tranchée et les boyaux d'accès. Ce système, multipliant les sorties, a évidemment l'inconvénient d'augmenter le travail. Enfin, pour que le résultat ne soit pas illusoire, il faut exiger une discipline de circulation extrêmement stricte. Quoi qu'il en soit, cette conception des abris est assez séduisante et semble bien être actuellement en faveur, bien qu'à vrai dire pas encore réalisée. Il est assez curieux de remarquer que ce mode d'utilisation des abris n'est autre que celui de nos anciens abris de combat des places fortes, au moins pour les contre-attaques. La nouveauté consiste dans l'introduction des boyaux pour la vie courante. Si, comme cela s'est fait dans certaines grandes unités, on a interdit les abris profonds en seconde ligne, pour obtenir véritablement une ligne de résistance, il faudra établir des abris en béton qui ne présentent pas les mêmes inconvénients, ou du moins les présentent à un degré moindre. Dans une position stable de toutes pièces et loin de l'ennemi (deuxièmes positions par exemple) ce sera possible, au point de vue technique. Dans les cas où il faudra y renoncer, il conviendra de ne pas considérer la seconde ligne comme ligne de résistance. Alors celle-ci est rejetée en troisième ligne et la création d'une ligne doublement s'impose : c'est la seconde ligne dans laquelle on renonce aux abris à l'épreuve.

3º Parallèle de soutien et des réduits

L'organisation de la ligne de soutien et de celle des réduits se fait d'après les mêmes principes que celle de la ligne de résistance. Il n'y a donc pas lieu d'y insister. Toutefois, une remarque parait utile à faire. Le mot réduit ne doit pas conduire à prendre pour une telle ligne une petite suite de petits ouvrages fermés plus ou moins reliés par une tranchée filiforme précédée d'un obstacle. Une telle solution, contre laquelle nous mettons en garde pour l'avoir rencontrée tant sur certaines parties du front que dans des travaux d'études, tombe entièrement sous le coup des critiques justifiées portées contre le système des centres tel qu'il fut réalisé devant Verdun. Répétons-le une fois encore : il est absolument nécessaire d'adopter un tracé qui ne décèle pas l'anatomie de l'organisation.

Un réduit, comme un point d'appui, est un mode d'occupation et d'armement plus intense mais non, autant que possible, un mode de dessin particulier de la position.

Rappelons que ces deux lignes seront à placer en contre-pente toutes les fois que la nature du terrain le permet. Éviter toutefois les fonds où s'accumulent les gaz.

Dans la ligne de soutien ou à son voisinage seront installés les P. C. des Compagnies de première ligne. Un peu en arrière, celui du Chef de Bataillon. Dans la ligne des réduits seront les P. C. des Compagnies de réserve du Bataillon en ligne (voir ci-après : Occupation des positions). On y placera habituellement le P. C. du Colonel.

Il est intéressant de chercher à réaliser le desiderata indiqué par le Manuel du Chef de Section relativement aux réduits, à savoir que le réduit doit être ceinturé entièrement de fil de fer et avoir des champs de tir dans toutes les directions tout en s'astreignant à éviter les petits ouvrages fermés à tracé caractéristique. On y parviendra en munissant la ligne des réduits d'un réseau arrière flanqué de la région comprise entre ce réseau et le réseau avant de la ligne des réduits et en utilisant les cloisonnements pour compléter les réduits. Comme conséquence, il y a lieu de prévoir des flanquements et, d'une façon général, des feux de revers.

On masquera mieux encore l'organisation des réduits en faisant courir une tranchée derrière le réseau arrière de la ligne des réduits. Cette tranchée pourra servir de soutien à la ligne des réduits ; sa présence donnera au système défensif de cette région un aspect analogue à celui qu'il possède ailleurs, le réseau de fermeture de la ligne des réduits apparaissant comme réseau habituel de ligne de soutien. Il est à peine besoin de dire qu'il sera intéressant, si on dispose du temps et de la main-d'œuvre, d'organiser cette ligne de soutien pour flanquer à son tour complètement, dans le sens habituel, le réseau de revers de la ligne des réduits. Enfin, cette tranchée pourra utilement servir à établir des débouchés d'abris de réserves. L'exemple étudié (Pl. III) a été traité dans cet esprit. Enfin, il n'est pas inutile de faire observer que la création d'un réduit peut résulter sans artifice et tout naturellement de la forme générale de l'organisation (voir remarque faite ci-dessus, Chap. IV, nº 13).

4º Organes spéciaux, îlots de résistance souterraine

La Note du 26 août 1916 du G. Q. G., déjà citée, précisée sur ce point par une Note du 22 mai de la IVᵉ Armée, préconise l'emploi d'îlots souterrains dont les émergences dans des trous d'obus constituent les organes essentiels actifs qui pourront ainsi entrer en jeu à leur heure : mitrailleuses de position, V. B., etc. Le principe de l'îlot complet sera le suivant : Une section de mitrailleuse sera installée dans des trous d'obus ou dans tout autre organe échappant au repérage préalable et remplira un rôle de flanquement ou d'interdiction donné. A cette section seront associés les éléments pouvant l'aider ou participer à sa défense propre (F. M., V. B.). Le tout pourra être réuni à un abri de section.

Nous n'insisterons pas sur le détail qui est donné dans les leçons du Capitaine Morin. Le rôle d'une pareille organisation, indépendante du tracé général des lignes est d'entrer en action soudainement et de créer par le feu un obstacle intact et puissant. Au fond, on retrouve l'idée du fort Mougin, compte tenu des réductions dues à l'importance moindre des organes principaux.

De prime abord, on avait prévu l'établissement de pareilles organisations entre la ligne de surveillance et la ligne de résistance. L'expérience des offensives d'août-septembre 1917 devant Verdun a montré qu'il était préférable de les répartir à l'échelon suivant, c'est-à-dire entre la ligne de soutien et la ligne de résistance.

Il est bon d'associer à cette organisation un réseau flanqué, mais il faut prendre garde en établissant celui-ci de ne pas déceler l'ilot. On y parviendra par l'emploi de réseau bas et aussi par la création de faux organes de flanquement en des endroits où pourrait effectivement se faire le flanquement desdits réseaux. On trouvera sur les organisations représentées par les Planches IV et V des exemples de tels ilots.

VI. — Occupation des positions

Nous prendrons pour base l'étude d'un secteur de Division. Le front occupé peut être extrêmement variable. D'autre part, si les Divisions normales sont à trois Régiments il existe encore beaucoup de Divisions à effectifs différents, soit qu'elles soient encore à deux Brigades soit qu'on leur adjoigne des Bataillons territoriaux. Pour fixer les idées, il ne sera question ci-après que de Divisions normales.

Nous disions donc que le front occupé en situation défensive était très variable : de 3 kilomètres dans des secteurs à occupations intensives, à 15 kilomètres dans des secteurs particulièrement calmes. On peut admettre qu'en général le front d'une Division variera de 3 à 6 kilomètres et même assez souvent se trouvera osciller, soit aux environs de 3 kilomètres, soit aux environs de 6 kilomètres. Pour éviter des redites oiseuses, nous supposerons qu'il soit question dans tout ce qu'il suit d'un front de 3 kilomètres. Enfin, il est bien entendu que ces chiffres n'ont rien d'absolu et doivent se plier aux exigences des cas d'espèces. Mais ils servent à fixer les idées.

Les idées actuellement en faveur et qui permettent, lorsqu'elles sont appliquées, de donner aux hommes un repos suffisant peuvent se résumer ainsi :

1º Dans un secteur de Division, l'occupation du terrain se fait par Régiments accolés ;

2º Dans chaque Régiment, les 3 Bataillons se répartissent en profondeur de la manière suivante :

a) Un Bataillon en ligne dans la première position ;

b) Un Bataillon en réserve dans la zone de la ligne intermédiaire ou des camps ou cantonnements voisins ou même un peu plus en arrière. Ce Bataillon fournit des travailleurs pour les lignes ;

c) Un Bataillon au repos dans la zone de la deuxième position et ne participant en rien à la vie de la première position, du moins en temps normal.

Dans le cas où des nécessités de Commandement ou de toute autre nature conduiraient à modifier le schéma, ce dernier serait néanmoins utile encore comme grande directive.

Cela posé, étudions maintenant dans le même esprit comment se fera la répartition du premier Bataillon. On pourra admettre :

1º Une Compagnie en réserve dans la ligne des réduits ;

2º Deux Compagnies accolées occupant les premières lignes.

Il est intéressant de faire observer que ce mode d'occupation qui tend à se généraliser chez nous se rapproche beaucoup des données allemandes. Il en est de même des principes qui vont suivre.

1° Occupation des premières lignes

Tout d'abord, les diverses notes générales citées précédemment, d'accord avec le Manuel du Chef de Section, et aussi avec les prescriptions des règlements allemands, sont unanimes à réprouver l'occupation continue.

En ce qui concerne la ligne de surveillance, deux procédés d'occupation sont actuellement (octobre 1917) en présence : l'un d'eux confie la garde de la parallèle aux soins de guetteurs espacés. Ceux-ci sont d'ailleurs en liaison avec ceux de leurs camarades qui, dans des abris légers occupent la ligne, assurant les relèves, les patrouilles de surveillance, etc. Sans qu'on puisse fixer un chiffre absolu, on peut donner comme base de l'effectif d'occupation d'une ligne de surveillance par une ligne de guetteurs, une Section pour le front[1] d'occupation d'une Compagnie. Il résulte, d'observations directes faites notamment par la IVe Armée, codifiées par le G. A. C., qu'au système de guetteurs, il y aurait intérêt à substituer, même dans la ligne de surveillance, l'occupation par îlots définie ci-après. A cette notion de l'îlot je relie immédiatement celle du groupe de combat qui sera posée également dans le paragraphe suivant.

La dilution des effectifs, dont il faut proscrire sans relâche l'emploi, diminue l'action du Commandement. Il y aura donc intérêt à confier la défense à des éléments tactiques bien définis sous le Commandement d'un Chef. Il est bon de ne pas descendre au-dessous de l'Escouade. Un tel groupe occupera dans la ligne un segment *actif* de la partie organisée en tranchée de tir ; il pourra disposer d'engins mécaniques et en disposera d'ailleurs en principe. Les segments de ligne compris entre les segments actifs seront les *segments passifs* tenus sous le feu des précédents. Il est tout à fait impossible de fixer d'une façon précise le rapport des longueurs de parallèles consacrées aux segments actifs et celles de segments passifs. Bornons-nous à ce sujet à l'indication suivante empruntée au Manuel du Chef de Section :

« On peut se représenter ces segments actifs comme de petits îlots de résistance ayant sur le front une façade de 20 à 50 mètres de largeur et les segments passifs comme des lignes continues de 40 à 100 mètres de développement. »

Ce qu'il résulte de là est qu'en gros la longueur des segments actifs sera nettement inférieure à celle des segments passifs. Cela veut-il dire que la partie de la parallèle organisée en tranchée de tir doit être inférieure à celle qui est organisée en communication ? Les règlements et notes actuels sont muets à ce sujet : à notre avis, dans les parallèles, la longueur de la tranchée de tir doit être de l'ordre de grandeur de celle des communications et même supérieure et cela pour les raisons suivantes :

a) Il peut parfaitement arriver qu'un groupe de combat déterminé soit affecté à occuper deux positions distinctes ;

b) Si on traitait en tranchée de tir uniquement les positions du groupe de combat, on tomberait dans la faute de créer un repérage possible, car, à l'heure actuelle, la stéréophotographie est assez perfectionnée pour différencier une communication d'une tranchée de tir. Cela montre en passant que le truquage d'une position n'est plus aussi efficace qu'on pourrait le croire si on procède pour créer de faux ouvrages par boyaux simplement amorcés. Les reliefs des organisations devenant perceptibles à l'observation photo-aérienne, un truquage rationnel devra comporter des éléments poussés à fond, mais alors on se heurte à la difficulté résultant de l'importance du travail à réaliser.

En fait, dans des positions déjà existantes et remises au point, on sera aidé par la présence d'anciennes tranchées, sauf à procéder pour celle-ci à une rapide remise en état.

La réunion de plusieurs groupes de combats formera un point d'appui. Cette terminologie est empruntée au Manuel du Chef de Section. Il ne précise pas nettement la différence entre un centre de résistance et un point d'appui ni surtout entre celui-ci et ses éléments inférieurs.

---

[1] Cf. Manuel du Chef de Section, p. 279 et 385.

Le centre de résistance semble caractérisé par la présence d'un réduit.

On éviterait ces confusions en adoptant les définitions suivantes[1]:

2° Occupation d'un point d'appui

Un point d'appui est le groupe formé par l'ensemble des divers groupes de combat d'une Compagnie et des divers organes mis à la disposition du Commandement de cette unité.

3° Occupation d'un centre de résistance

Un centre de résistance sera constitué par un ensemble de points d'appui sous le Commandement d'un même chef qui pourra disposer d'ailleurs d'éléments n'appartenant pas aux points d'appui, par exemple d'Artillerie. Le centre de résistance normal sera constitué par l'ensemble des éléments soumis au Commandement d'un Chef de Bataillon.

La réunion de plusieurs centres formera un sous-secteur, le terme secteur étant plus spécialement réservé à la fraction de la position occupée par une Division.

Terminons maintenant ce que nous avions à dire au sujet de la répartition des effectifs dans les diverses parallèles.

Dans le cas de l'occupation de la parallèle de surveillance par îlots, deux manières de voir se trouvent en présence. L'une préconise une occupation relativement faible, l'autre une occupation relativement forte. Il n'est pas possible, dans une pareille question, de fixer des chiffres *ne varietur*. Toutefois, pour fixer les idées, supposons un front de 1.000 mètres pour Bataillon (Pl. III); nous établirons, dans le cas étudié, trois îlots par front de Compagnie. Dans la méthode d'occupation forte préconisée au G. A. C., chacun de ces îlots sera occupé par une Demi-Section; l'autre Demi-Section roulant avec celle-ci se trouvera au repos dans la parallèle de soutien. La garde de la parallèle de résistance répartie aussi en îlots sera confiée à une Section. Cette méthode a l'avantage d'équilibrer en somme les charges et d'intéresser les occupants, toujours les mêmes, à l'entretien et à la garde de leur îlot.

Dans une méthode d'occupation plus faible, on pourrait établir une Demi-Section dans l'îlot central par exemple, un quart de Section dans chacun des îlots latéraux en instituant une relève appropriée. Dans ce cas, il resterait trois Sections ou, plus exactement, si on ne s'astreint pas à conserver les Sections constituées dans les mêmes échelons, l'effectif de trois Sections à répartir entre ligne de résistance et ligne de soutien. Pour un secteur à front assez étroit, il paraît alors assez logique de conserver à l'abri des fluctuations et des coups immédiats le plus gros effectif possible en vue de contre-attaquer et d'adopter la répartition d'une Section dans la parallèle de résistance et d'une Section dans celle de soutien.

VII. — Communications

Les communications dont il est question ici, à l'intérieur d'une position, sont constituées par les boyaux et par les pistes. Le problème des pistes de voiture se relie à celui des routes et se traite de même dès que l'on veut obtenir un résultat sérieux. Celui des pistes de piétons se réduit la plupart du temps à un balisage avec parfois un léger aménagement du sol et franchissements des fonds divers sur ponceaux. Le détail de cette création est en dehors de notre sujet.

Reste la question des boyaux, leur profil, comme celui des tranchées, est étudié dans les études de détail; il ne nous reste qu'à nous inquiéter de leur tracé général et de leur nombre. Au sujet de leur tracé général, on peut dire que dans leurs grandes lignes ils sont perpendicu-

---

[1] Ces dénominations ont été rendues réglementaires par l'Instruction du 22 août 1917, entrée en circulation depuis la rédaction de cette partie de notre travail.

laires au front. On peut d'ailleurs, pour essayer de dissimuler plus complètement la nature de l'organisation, les tracer obliques et assez inclinés sur les tranchées [1]. Ce procédé a l'inconvénient d'allonger le tracé et le truquage obtenu est en somme assez illusoire. Les boyaux doivent être sinueux pour éviter les effets des tirs d'enfilade, posséder des gradins de franchissement, autant que possible tous les 100 mètres, des organisations défensives propres, etc. Nous renvoyons pour le détail de ces questions aux leçons de détail.

Quant au nombre des boyaux, il est entendu qu'il ne saurait en principe être trop grand, mais leur réseau doit rester simple et clair et pouvoir être utilisé par une troupe qui n'en aura fait qu'une reconnaissance sommaire. On dit dans le Manuel du Chef de Section, p. 279 : « On n'insistera jamais trop sur la nécessité de disposer les boyaux pour une *circulation rapide de nuit comme de jour;* que rien n'y retarde; que rien n'y accroche les vêtements; que tout obstacle soit aplani, tout trou comblé ; c'est là le secret qui permet de tenir de grands fronts avec de petits effectifs, ce que l'on fera sans crainte si l'on sait que des renforts pourront *accourir aux vives allures sur point menacé* ».

Une remarque s'impose à ce sujet : ce qui précède s'applique à la vie courante et au cas d'une réponse à un coup de main. Tous les chefs qui ont conduit de grosses attaques sont unanimes à dire qu'au moment de l'action le plus souvent l'afflux des vagues de réserve se fera par l'extérieur. Le rôle des boyaux n'en sera pas moins considérable pour assurer les opérations de mise en place pendant la préparation et, pendant l'action, le passage des coureurs, les évacuations, les ravitaillements, etc.

Pour en revenir au nombre des boyaux, il faut d'autre part savoir se limiter à cause de l'effort à fournir pour les créer et pour les entretenir. Comme il y a intérêt à ce que la préparation d'une offensive ne change que le moins possible l'aspect du terrain, il y aura lieu de créer dès la période défensive les boyaux commandés par la période offensive. La circulation ainsi obtenue sera largement suffisante en période défensive. L'accord sur le nombre des boyaux à adopter d'après ces considérations semble s'être fait sur les bases suivantes [2] :

Depuis l'extrémité arrière, zone pratiquement défilée, jusqu'à la ligne des réduits, 3 boyaux d'adduction par secteur de Division de 3 kilomètres font avec la répartition ternaire décrite ci-dessus un boyau par Régiment. Pour l'ensemble du secteur, un boyau d'évacuation. Certains Commandants de grande unité demandent que l'un des boyaux d'adduction soit d'ailleurs particulièrement affecté au service du retour vers l'avant des brancardiers pour qu'ils ne gênent pas leurs camarades dans le transport des blessés. Ce désidératum peut être satisfait sans modification, les appareils du Service Médical pouvant, lorsqu'ils ne sont pas chargés, être réduits à un encombrement suffisamment faible pour passer sans peine dans un boyau ordinaire. Rappelons en passant qu'un boyau d'évacuation diffère d'un boyau ordinaire par des dimensions plus fortes exigées par le transport des brancardiers. Il est évident d'autre part que les P. S. doivent déboucher directement ou tout au moins par une communication de faible longueur sur un boyau d'évacuation.

Entre la ligne des réduits et l'avant, les boyaux précédents se continuent naturellement, mais il convient d'en créer d'autres. On peut admettre à titre d'indication qu'il suffit de deux à trois boyaux pour un secteur de Régiment, entre la ligne des réduits et l'avant, ce nombre étant porté à quatre entre la ligne de soutien et l'avant.

---

[1] Système recommandé par Von Arnim (Cf. Bulletin de Renseignements de la IVe Armée, en date du 9 septembre 1917).

[2] Au cours de la rédaction du présent travail, nous apprenons qu'une Instruction sur les Travaux de Campagne, en cours d'impression, prescrit jusqu'à la ligne de soutien un boyau d'évacuation et un boyau d'adduction par Régiment. Avec le dispositif ternaire indiqué ci-après, cela fait par secteur de Division trois boyaux d'adduction par Division, c'est le chiffre ci-dessus, et trois boyaux d'évacuation. On remarquera que cela fait par secteur de Division exactement le nombre de boyaux préconisé par l'Instruction du 16 décembre 1916 sur le but et les conditions d'une action offensive d'ensemble, en admettant, conformément aux idées admises en général, l'attaque de Division menée par deux Divisions de front. Mais cette Instruction ne prévoyait pas la même répartition du rôle des boyaux : elle prescrivait un seul boyau d'évacuation pour deux d'adduction.

Enfin signalons la tendance à généraliser l'emploi des communications souterraines (tunnels) sur lesquels on peut greffer des abris et des organes actifs. Les Allemands nous ont précédés dans cette voie (Puisaleine, Cornillet, Mont-Pertois, Mort-Homme, etc.) que nous commençons à suivre très sérieusement.

L'examen de cette question sera développé dans les études de détail [1].

VIII. — Du cloisonnement

Le principe de la nécessité du cloisonnement a été posé dans le Chapitre II; il n'y a pas lieu d'y revenir; il convient seulement d'indiquer rapidement ici comment il pourra être réalisé.

Les grandes lignes de l'organisation des cloisonnements ont été indiquées au § IV. Rappelons-les rapidement en nous arrêtant un moment sur quelques particularités.

Le cloisonnement dans le tracé du front est réalisé de lui-même par l'organisation des parallèles et de leurs réseaux. On utilisera, pour assurer le cloisonnement dans le sens perpendiculaire au front, l'organisation défensive des boyaux, organisation comportant des postes de grenadiers, de voltigeurs, ou de fusiliers, en un mot des tranchées actives et, de chaque côté du boyau, un réseau. On pourra dans certains cas réaliser des cloisonnements secondaires avec un seul réseau placé du côté le plus exposé à une incursion de l'ennemi, mais il nous paraît bon de préconiser le double réseau.

Les réseaux de protection des boyaux seront souvent flanqués sur une grande partie de leur longueur par la parallèle même dont ils partent. Il y aura intérêt à répartir en conséquence dans la parallèle les éléments de tir.

IX. — Contre-attaques

Nous avons signalé ci-dessus (§ II) la contre-attaque comme un des moyens d'une défense énergique et bien comprise. C'est la conclusion à laquelle conduit la discussion des résultats examinés dans le chapitre IV. Nous avons vu également dans ce chapitre que l'organisation préalable était nécessaire pour la réussite d'une contre-attaque. Il reste à indiquer comment doit être conçue une organisation défensive en vue de permettre les contre-attaques. Il ne paraît pas inutile d'en rappeler le mécanisme décrit dans le Manuel du Chef de Section d'Infanterie (édition 1917, p. 403 à 405).

Les contre-attaques réussiront d'autant mieux et avec moins de pertes qu'elles se déclancheront plus tôt. Elles doivent surprendre l'ennemi avant qu'il ait repris haleine et se soit organisé. Elles doivent partir sur l'initiative des exécutants, la transmission des ordres et des renseignements étant alors devenue des plus précaires.

Toute hésitation ou retard se paie cher.

C'est pourquoi le plan de défense du centre de résistance doit prévoir les principales hypothèses d'envahissement de la ligne de résistance et dans chaque hypothèse :

Là où les contre-attaques à faire ;
Les fractions qui doivent l'exécuter (Section, Peloton) ;
Le cheminement à suivre par chaque fraction et son objet final.

Le Commandement organise d'avance ; mais *c'est probablement l'ennemi lui-même qui donne le signal de la contre-attaque.*

Les contre-attaques doivent être comme les deux mâchoires d'un piège qui se referment automatiquement dès que la bête a mis le pied sur la palette.

---

[1] Une réaction contre l'exagération de l'emploi des grands tunnels s'est établie (novembre 1917) dans le Groupe d'Armée du Kronprinz. La discussion de cette question sera examinée dans les études de détail.

Direction des contre-attaques. La contre-attaque peut avoir lieu de front ; c'est le cas d'une Section de renfort qui, lancée au secours d'une Section de première ligne, trouve l'ennemi déjà dans la tranchée,

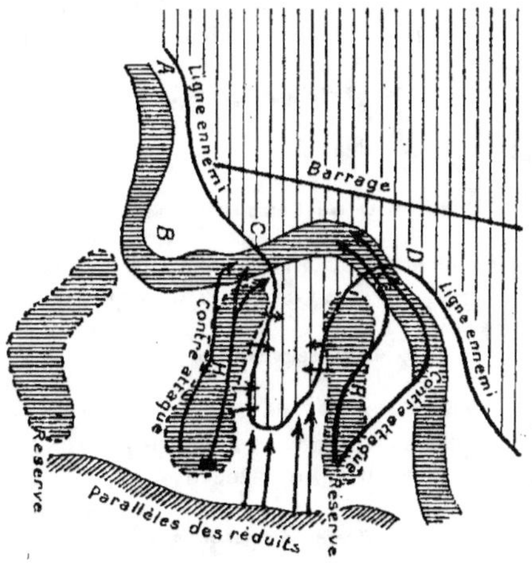

Voies de contre-attaques

Les plus fructueuses sont les contre-attaques faites à la fois sur les deux flancs et à hauteur de la première ligne de résistance : par une progression à la grenade dans les tranchées de tir, de doublement et de soutien et dans les boyaux, on attaque l'ennemi dans le dos, on menace sa retraite et on encercle ce qui a passé.

Ainsi, pour répondre à l'hypothèse d'une pénétration de l'ennemi entre C et D, on prévoiera la contre-attaque suivante : barrage par le groupe Y en avant de CD ; une colonne de une ou deux Sections partant du groupe d'ouvrages G et attaquant dans la direction N.-S. ; une colonne semblable partant du point d'appui H et attaquant dans la direction S.-N. Détails d'exécution à régler d'avance par le Commandant du centre de résistance.

On déduit immédiatement de là les particularités correspondantes de l'organisation ; ce seront :

1° Des abris pour les troupes de contre-attaque. Ces abris pourront être ceux de la garnison qui doit elle-même être considérée comme une troupe de contre-attaque ; ce serait aussi, dans une organisation complète, des abris spéciaux de réserve. Ainsi on pourra créer dans la zone de la ligne des réduits, des abris pour un Bataillon par exemple. Enfin il n'est pas inutile de remarquer que les abris, établis pour des hommes couchés devant y vivre d'une façon continuelle, pourront, au moment d'une crise recevoir une garnison plus forte sans difficulté ni grande gêne dans le rapport de 1 à 1,5. Le seul écueil est d'augmenter les chances de prise en groupant plus d'hommes dans le même abri. Mais cet inconvénient est en somme minime dans la zone des réduits ou en arrière. Elle peut, à notre avis, et dans la proportion indiquée ci-dessus, avec de bons guetteurs, être admise en soutien.

2° Des passages faciles et suffisamment nombreux tant à travers les réseaux qu'au-dessus des tranchées et boyaux. Prendre toutes précautions pour protéger les coupures. (Voir détails).

X. — Abris

L'étude de détail des abris fait l'objet d'une série de leçons spéciales ; nous nous bornerons ici à indiquer la nature des divers abris dont il y aura lieu d'envisager la création.

1° Abris à personnel

Abris à l'épreuve souterrains ou superficiels bétonnés, dans les lignes principales et suivantes. Abris légers en première ligne. A chaque abri joindre un poste périscopique ou plus généralement un poste d'observation, ou abri de guetteurs, de communication facile avec l'abri.

2° Abris à munitions

Classification analogue à la précédente.

3° Poste de Commandement

Les postes de Commandement seront à l'épreuve, dans des conditions au moins aussi larges que les abris des unités rattachées au Commandement qu'ils abritent.

4° Observatoires

Les postes de Commandement seront complétés par un observatoire dit de Commandement. Il sera créé des observatoires d'Artillerie avec possibilité d'usage commun d'un observatoire d'Artillerie par le Commandement et inversement.

5° Postes de secours

A créer à l'épreuve à partir de l'échelon Compagnie inclus. Doivent avoir un débouché facile sur un boyau d'évacuation.

XI. — Dépôts

L'organisation d'une position doit comprendre également des dépôts. Ceux-ci dans les parties avancées, et, pour les matières délicates, pourront être établis dans un abri à l'épreuve, mais en général ils seront installés à l'air libre, soit dans une partie aménagée du boyau, soit dans la plaine. Dans ce dernier cas, il y aura lieu d'établir le dépôt au voisinage d'une voie ferrée, dans tous les cas à proximité d'une route ou d'une piste. Si la voie ferrée n'existe pas, il conviendra, la plupart du temps de l'établir. Pour l'avant on utilisera des voies étroites, en général 0 m. 40 ou 0 m. 60, exceptionnellement 1 mètre. A l'arrière viendra la voie normale, qu'on n'a pas craint de pousser, dans certains secteurs jusqu'à 4 à 5 kilomètres des lignes (Fay-en-Santerre par exemple).

Dans le cas d'installation à l'air libre, il y a lieu d'utiliser de préférence les parties masquées aux vues terrestres (contre-pentes) ou si possible à toute investigation (sous bois).

On peut aussi avoir recours au camouflage mais, en ce qui concerne les dépôts du Génie, pour les gros matériaux, l'utilité de ce procédé sera à peu près illusoire, parfois fâcheux, et, en pratique ne sera pas employé. Il le sera plus judicieusement pour masquer certains dépôts particulièrement intéressants et qu'on aurait été obligé de laisser à l'air libre (grenades, artifices divers).

Le service de l'Artillerie utilise assez fréquemment le camouflage pour masquer le plus possible ses dépôts.

XII. — Batteries

Nous n'étudierons pas ici le détail de l'organisation des Batteries[1], mais simplement

---

[1] Une étude de détail sur ce sujet ne serait pas absolument sans intérêt, car nous avons pu constater que plusieurs fois le Commandement eut recours à l'aide du Génie pour l'organisation des Batteries. Sa place serait dans les leçons de détail : le temps manque pour en faire une étude orale. Quelques vues rapides sur ce sujet sont indiquées dans les leçons d'organisation de détail.

les conditions générales de la détermination de leur emplacement. A ce point de vue deux grandes catégories :

A) Batteries de tranchées

A établir dans la ligne de résistance, la ligne de soutien, jamais dans celle de surveillance sauf cas spéciaux de préparation d'attaque ; la ligne de soutien sera souvent un peu éloignée déjà pour que les Batteries puissent avoir en profondeur un effet utile suffisant. Si on suppose la ligne de soutien à 200 mètres par exemple de la ligne de surveillance, et, la ligne de soutien à 500 mètres de celle-ci, il sera encore possible de placer judicieusement de l'Artillerie dans la ligne de soutien. Pour un éloignement plus grand, il sera bon de renoncer à placer l'A. T. dans la ligne de soutien.

Les engins dont il s'agit ci-dessus sont ceux de l'A. T. proprement dite. Quant aux engins de tranchée de faible puissance, servis par les bombardiers d'Infanterie ils ont une portée utile que l'on peut faire varier des limites de l'ordre de 50 mètres pour la limite inférieure, à 300 mètres pour la limite supérieure (Manuel du Chef de Section, p. 191 à 196 et 238). Ils seront placés soit dans la ligne avancée, soit au plus loin dans la ligne principale. A l'aide d'emplacements échelonnés ils peuvent être utilisés pour la lutte dans les boyaux. Destinés surtout à servir contre le personnel ils peuvent rendre des services contre les organisations légères.

B) Batteries d'Artillerie de campagne ou d'Artillerie lourde

Comme pour les autres parties de l'organisation, il y a lieu de prévoir, dès la phase défensive, l'organisation d'emplacements destinés à une opération offensive toujours à envisager. Cela conduit à un échelonnement en profondeur, en quelque sorte du premier ordre. (Cf. Chap. V, nᵒ IV). Mais celui-ci se complète et se précise par les considérations suivantes :

1ᵒ Nécessité d'une action successive sur nos diverses lignes aussi bien que sur les lignes ennemies. En conséquence ne pousser très en avant que les Batteries nécessaires pour des missions spéciales. Cette dispersion présente l'avantage de nécessiter pour l'ennemi un plus grand effort de neutralisation.

2ᵒ Créer plusieurs emplacements pour une même position, de manière à pouvoir se déplacer en cas de répérage. Cela permet aussi un premier renforcement immédiat en cas de besoin.

3ᵒ Il y aura intérêt à englober les Batteries autant que possible dans les organisations d'Infanterie, pour augmenter encore la difficulté du répérage.

Les Batteries seront entourées d'une organisation défensive propre à la disposition des servants, toutes les fois qu'une attaque rapprochée de l'ennemi n'est pas absolument impossible.

Il est à peine besoin d'insister sur la nécessité qu'il y a à placer les Batteries au voisinage d'une voie d'accès, et si possible, sous un couvert. Faire un large emploi du camouflage. Il y a intérêt au point de vue de la *facilité* des ravitaillements de toute nature, et d'une façon générale de la vie du secteur et de son bon entretien, tout en respectant le principe de la nécessité de la proximité d'une voie d'accès, à ne pas se placer au voisinage d'une voie d'accès de grande circulation, toutes les fois que la chose se pourra. A ce point de vue l'utilisation intensive des voies étroites pourra rendre des services considérables.

Au point de vue de l'organisation les pièces seront plus ou moins enterrées, ou sous casemates superficielles ou souterraines.

Les Batteries auront des abris à l'épreuve, des communications enterrées ou souterraines avec P. C., observatoires, etc. (Voir détails).

XIII. — Utilisation des localités et des bois

A) Localités

Des localités peuvent se trouver englobées dans une organisation défensive. Les principes directeurs de leur organisation seront les suivants :

1° Éviter d'y concentrer des grosses masses de troupe ;

2° Les utiliser comme fournissant un camouflage naturel et sûr qui permette de masquer des abris à l'épreuve pour observatoires, organes de flanquement par armes à grand rendement, etc.

Le cas des très grandes localités est à envisager séparément et est particulièrement intéressant.

B) Bois

a) S'il s'agit de très grands bois, de forêts capables d'englober tout un secteur de Division par exemple, il n'y a pas grand chose à changer aux principes généraux, et on organisera une position d'après les règles habituelles. Il faudra considérer comme une difficulté particulière d'occupation certains procédés d'investigation dus à l'utilisation des arbres (perroquets, c'est-à-dire, observateurs de ligne montés dans les arbres). La présence des arbres fait créer pour la technique de l'organisation des difficultés ou des particularités spéciales, mais rien à signaler pour les directives générales.

b) S'il s'agit d'un bois de petite étendue ou d'étendue moyenne, observation analogue à ce qui a été dit pour les localités.

XIV. — Aménagements de l'arrière

L'établissement d'une organisation défensive comporte essentiellement, non seulement l'organisation des positions proprement dites, mais encore celle de tous les organes qui les feront vivre. Nous passerons rapidement ceux-ci en revue, en rappelant que plusieurs d'entre eux font l'objet de conférences spéciales à l'École.

A) Routes et voies ferrées

En première ligne les *routes et voies ferrées*. Il en a été question déjà ci-dessus pour les éléments d'avant. A l'arrière, à partir d'une limite à fixer par le Commandement les routes sont établies et entretenues par un service d'Armée, le Service routier. Voir conférence sur le Service des routes (Commandant Houpeurt). La construction des voies ferrées normales ressortit exclusivement aux cadres et aux troupes du 5e Génie.

B) Création d'un système d'alimentation en eau

Rappelée ici pour mémoire et pour attirer l'attention sur la nécessité qu'il y a de ne pas omettre ce point capital. Voir conférence spéciale (Lieutenant-Colonel Boisnier).

C) Ambulances et hôpitaux

1° AMBULANCES

Les premières ambulances que l'on rencontre en allant de l'avant vers l'arrière sont les Ambulances Divisionnaires. Puis les Ambulances de Corps d'Armée. Les unes et les autres

— 43 —

doivent se trouver le plus près possible des troupes, auprès d'une bonne voie d'accès et dans des zones échappant au bombardement systématique. Éviter notamment de les placer au voisinage d'un dépôt de munitions ou de matériel du Génie, etc. Cette recommandation peut paraître superflue. Elle ne l'est pas, l'expérience montrant que le fait n'est pas rare; la raison en est dans la recherche d'une voie d'accès commode pour l'ambulance comme pour le dépôt. Ne pas hésiter, si l'on ne peut faire autrement, à créer un élément de voies d'accès spéciales, à l'ambulance et d'une longueur suffisante pour mettre celle-ci à l'abri des accidents qui pourraient résulter d'une proximité fâcheuse.

2° HOPITAUX

À l'installer auprès d'une voie de communication, naturellement en dehors de la limite des bombardements au moins par pièces autres que l'A. L. G. P. On évitera la proximité d'un dépôt; il sera bon aussi de ne pas mettre un hôpital à proximité d'une gare qui est un point de concentration pour les bombardements aériens.

Les premiers hôpitaux rencontrés sont les hôpitaux d'évacuation. Ceux-ci doivent se trouver desservis par une voie ferrée[1]. On retrouvera la tendance naturelle signalée ci-dessus à mettre un H. O. E. au voisinage d'une gare. À notre avis il ne faudrait pas hésiter à créer une dérivation d'une longueur suffisante pour mettre nettement l'H. O. E. en dehors de la zone des bombardements dont toute gare risque d'être le centre. Il ne faut pas s'exagérer l'importance du travail nécessité par la création d'une telle dérivation et on réaliserait ainsi les conditions de sécurité matérielle et morale nécessaire aux malades et blessés. Les dimensions d'encombrement d'un H. O. E. sont, pour la petite dimension de 100 à 200 mètres, et pour la grande dimension de 200 à 400 mètres.

D) Dépôts

Les dépôts dont il s'agit ici sont les dépôts du Génie ou d'Artillerie de Corps d'Armée ou d'Armée; les derniers sont toujours desservis par une voie normale. Ceux de Corps d'Armée le sont assez souvent. Se rattache donc à leur création l'établissement des gares de transbordement pour l'utilisation des voies étroites. Nous n'entrerons pas dans leur étude de détail. Leurs dimensions sont essentiellement variables. De l'ordre de 3 à 4 hectares pour les C. A. ils peuvent atteindre 15 hectares et même plus pour les dépôts d'Armée.

E) Bivouacs et camps

Cités pour mémoire.

Voir l'album des organisations de camps de la IV⁰ Armée, qui fait partie de la collection des cours de l'École.

F) Réseau télégraphique

Cité pour mémoire.

XV. — Plan d'organisation du terrain

Le plan d'organisation du terrain dépend des conditions tactiques de son utilisation, conditions déterminées à la suite d'études faites sur la carte et sur le terrain. Une étude d'ensemble comportera naturellement la détermination des diverses positions et des organes d'intérêt général. Les plans d'organisation doivent être permanents; cette condition est indispensable pour obtenir un ensemble logique et un rendement sérieux.

---

[1] Instruction sur les évacuations et l'hospitalisation dans la zone des Armées des blessés et malades (G. Q. G. D. A., 25 avril 1916).

A) **Plan d'organisation d'une position**

Chaque fraction est établie d'après un plan d'organisation d'ensemble, arrêté d'après les principes indiqués ci-dessous et qui déterminera :

a) Les formes générales : front, échelonnement, cloisonnements ;

b) La détermination des observatoires de Commandement et d'Artillerie, dont la considération réagira d'ailleurs sur la détermination des fronts ;

c) La détermination des flanquements et des réseaux conjugués. Cette détermination est d'ailleurs de toute évidence l'un des facteurs qui servent à asseoir les formes générales ;

d) Réseau de communications : routes, pistes, voies ferrées ;

e) Détermination approximative des emplacements des P. C., question intimement liée à celle des observatoires ;

f) Les régions à adopter pour les dépôts, les emplacements approximatifs des P. S. et des points d'eau ;

g) Les éléments généraux de l'organisation en vue des contre-attaques ;

h) La détermination des liaisons principales, électriques, optiques ;

i) La détermination, lorsqu'il y aura lieu, des organes spéciaux : casemates, îlots souterrains, etc.

Chaque partie de la position fera l'objet d'études de détail analogues. Fixation de chaque organe principal, détermination des emplacements d'abris, de postes de grenadiers des flanquements secondaires, des communications secondaires, etc.

L'exécution des travaux fera l'objet d'un travail de préparation qui comprendra :

L'établissement des croquis d'exécution et leur distribution, le piquetage des travaux ;

La constitution des approvisionnement en matériaux ;

L'organisation des transports.

Les *ordres d'éxécution* fixeront :

Le mode de travail ;

La mission incombant à chaque unité avec croquis à l'appui ;

L'organisation des ravitaillements ;

Le stationnement des unités ;

L'ordre d'urgence des travaux. A ce propos, aucune prescription générale n'intervient à ce sujet dans les règlements français.

Il est logique d'assurer tout d'abord l'ossature même de la position ; on est conduit ainsi à prévoir l'ordre d'urgence suivant : flanquements et réseaux, et si possible concurremment : abris.

D'autre part, il est indispensable d'assurer la vie de la position et, pour commencer, celle des travaux ; d'où la nécessité de comprendre la création de voies ferrées dès l'origine de ceux-ci.

B) **Plan d'organisation des organes d'intérêt général**

C'est le plan relatif aux divers aménagements dont il a été question déjà :

Voies de communication, liaisons, dépôts et installation des divers services.

Chaque chef de service établit en liaison, lorsqu'il y a lieu, avec les autres services intéressés, le plan le concernant et le soumet à l'approbation du Commandement à qui il appartient d'arrêter les projets et d'en ordonner l'exécution.

XVI. — **Plan de défense et plan de renforcement** [1]

La préparation de la défense, tâche primordiale des É.-M. d'Armée, de C. A. et de Division, ne se borne pas à l'organisation du terrain.

Elle comporte un *plan de défense* du secteur qui fixe la manière dont la défense sera conduite avec les moyens utilisables dans le moment et un *plan de renforcement* visant les mesures à prendre en cas d'indices d'attaque importante.

Le *plan de défense* indique :

1o La situation connue de l'ennemi ;

2o Les conditions générales de la défense du secteur et l'état actuel des organisations défensives ;

3o La répartition des troupes (Infanterie, Artillerie, Génie) ;

4o L'organisation du Commandement (emplacements de P. C. des observatoires, fonctionnement des liaisons, transmission des renseignements) ;

5o Les consignes en cas d'alerte par les gaz ;

6o Les consignes en cas d'attaque (conduite à tenir par les troupes de première ligne, missions de l'Artillerie, emplacements des soutiens, des réserves) ;

7o Le mode d'occupation des positions intermédiaires et de la deuxième position (effectifs des garnisons permanentes, renforcement éventuellement prévus) ;

8o En cas d'irruption de l'ennemi dans les lignes, l'action de l'Artillerie, le rôle des réserves (avec indication des délais à prévoir, le cas échéant, pour leur intervention) ;

9o Les mesures prises pour le fonctionnement intensif des services (ravitaillement, évacuations) ;

10o La réglementation de la circulation.

Le *plan de renforcement* prévoit et prépare minutieusement :

L'entrée en secteur de nouvelles unités ;

La réorganisation d'ensemble des troupes, leur échelonnement en profondeur sur les diverses positions ;

Les nouveaux groupements de l'Artillerie à organiser ;

Le renforcement des unités aéronautiques ;

Les modifications à apporter au réseau téléphonique et d'une façon générale au fonctionnement des liaisons de toute nature ;

La réglementation de la circulation en prévision du bombardement systématique des voies de communication ;

Les renforcements en approvisionnements de toutes sortes à exécuter ;

Les travaux complémentaires à exécuter d'urgence :
>pour terminer les organisations en cours,
>pour améliorer celles jugées insuffisantes.

XVII. Aménagement d'un terrain en vue de réaliser le plan de défense ou de renforcement

Une unité qui prend un secteur ne se trouve pas en présence d'un terrain vierge où il y ait lieu d'établir de toutes pièces une organisation défensive. La tâche consistera à réaliser

---

[1] La rédaction du § XVI est empruntée à la Conférence du Commandant Meullé-Desjardins, déjà citée.

les desiderata des plans de défense ou de renforcement, en ce qui concerne l'aménagement du terrain, du mieux possible en se conformant aux principes qui ont fait l'objet de la présente étude.

Cette tâche consistera donc :

1° A entretenir ou à remettre en état les parties de l'organisation existante qui peuvent être maintenus, sans modifications.

2° A améliorer en les modifiant, suivant les principes de la technique actuelle, celles de ces organisations qui ne pourraient être utilisées telles quelles.

XVIII. — Aménagement d'un terrain après une période d'attaque

Les organisations établies conformément aux principes indiqués ci-dessus et avec l'ampleur qui en résulte correspondent au cas où les circonstances permettent la réalisation d'un travail aussi considérable et aussi méthodique. Ce sera le cas pour des positions organisées de toutes pièces en dehors du contact de l'ennemi, ou pendant une période de stabilisation. Après un combat on commencera à s'installer à peu près comme on pourra en cherchant néanmoins à respecter, autant que possible, les principes fondamentaux (obstacles, flanquements...). On ne sera évidemment pas maître de choisir l'emplacement de la première ligne. Celle-ci d'abord réduite à une série de trous d'obus, commencera à se constituer par la création d'une tranchée de jonction qui sera à la fois de résistance et de surveillance [1].

En général ce n'est qu'après que l'on pourra concurremment s'occuper des boyaux et des abris. On le fera dès que possible. Souvent d'ailleurs on sera aidé par la présence d'anciens abris ennemis plus ou moins bien conservés. Il y aura le plus grand intérêt à prévoir, dès les débuts de l'installation, pistes et voies de 0 m. 40.

Pendant ce temps le Commandement aura établi une organisation d'ensemble que l'on s'efforcera de réaliser dès que les circonstances le permettront. On arrivera ainsi peu à peu à l'organisation complète.

XIX. — Exemple d'application

A) Généralités

Il a paru intéressant de terminer cette étude, par un exemple d'application portant sur l'organisation d'ensemble d'une position, et de choisir un terrain qui a déjà été étudié comme exemple d'organisation par le système des centres. C'est donc la position de Belrain qui sera présentée à l'étude établie d'après le système actuel. Le plan d'organisation, Planche V, est établi au 1/20.000. Y sont figurés les organes principaux : grands flanquements par mitrailleuses et canons, organisations souterraines importantes, P. C. et P. S. jusqu'aux Bataillons, ainsi que le tracé général des lignes, réseaux et boyaux. On s'est imposé de conserver les directives d'ensemble, déjà signalées (Chap. IV, n° 13), qui ont conduit le Commandement à adopter une position de plaine sur laquelle s'appuient les organisations de villages, têtes de ponts, ainsi que les deux grandes bretelles (CFG, BGT) et le réduit avancé de Frouvemont, le tout formant un vaste ensemble de défensif protégeant les abords de la position principale, ayant pour rôle la défense des plateaux. Cette position principale seule a été étudiée dans les conditions précisées plus haut. Pour tout l'ensemble avancé on s'est borné à silhouetter la position au moyen de la ligne de réseaux.

---

[1] Si possible on tentera de réaliser, dès le début, l'organisation en profondeur correspondant au dispositif tactique même des troupes d'attaque. Certaines unités ont pu ainsi réaliser, à la suite d'une attaque, une organisation dont le dessin général répondait aux directives fondamentales d'une organisation rationnelle. Il faut reconnaître qu'un tel desiderata a été bien rarement réalisé, mais il est bon de savoir qu'il l'a été.

Enfin pour terminer ces généralités nous ferons les remarques suivantes :

1° Cette position, comme l'avancée de la plaine s'infléchit vers l'Ouest, dans la partie Sud et fait face au Sud, au lieu de continuer à faire face à l'Est. Cette disposition a été conservée pour respecter le thème réel antérieurement étudié. Il est évident qu'on aurait pu être tenté de continuer l'organisation du plateau et des pentes vers le Sud en s'installant sur le côteau du bois de Salmagne (voir Pl. VI).

2° Cette position forme la partie Sud d'un tout qu'il a semblé intéressant, pour bien situer l'organisation et en faire comprendre l'économie générale, de représenter sommairement (voir carte au 1/80.000, Pl. VI).

B) **Observations de détail**

Nous ferons très rapidement quelques observations de détail sur cette organisation.

1° Sur le tracé d'ensemble rien à ajouter à ce qui a été dit à propos de l'étude d'après le système des centres. La ligne principale a été maintenue en contre-pente lorsqu'il fut possible de le faire. On l'a résolument porté en avant pour occuper les éperons XIII et XV. Une partie intermédiaire a dû logiquement, ainsi, quitter la contre-pente. Il faut d'ailleurs observer que dans le cas actuel c'est à peu près sans inconvénient étant donné le Commandement et la position, au moins tant que tient le Frouvemont.

La nécessité de voir ce qui se passe dans le ravin déterminé par le Frouvemont de la position, a conduit à placer en plusieurs endroits la ligne de surveillance en une situation imposant la création d'une ligne de doublement.

La ligne des réduits a pu être établie en contre-pente à peu près entièrement, et même entièrement si on laisse de côté une partie du réduit central de l'éperon.

La plus grande partie de la ligne de soutien est aussi à contre-pente.

2° On n'a pas figuré la voie de 0 m. 60 dont l'étude, pour être complète et vraiment intéressante, exigerait la liaison avec l'arrière et reviendrait à se poser un problème beaucoup plus large que celui traité ici.

3° Trois grosses organisations souterraines ont été représentées.

4° Une organisation, telle que celle qui est présentée, correspond à un travail de 900.000 hommes-journées environ [1]. En admettant qu'on y fasse participer deux Divisions d'Infanterie (Compagnies divisionnaires et travailleurs d'Infanterie) avec les Compagnies du Génie de C. A. pour les grosses installations, et, si possible, un groupe de Compagnies de cimentiers, ce travail pourrait être achevé en cinq mois environ.

Il a paru intéressant de fixer l'ordre de grandeur de la valeur du travail demandé pour une telle installation. On voit que, sous réserve de s'imposer une suite dans le travail, cela n'a rien d'inabordable.

C'est d'ailleurs ce qui fut réalisé par les Allemands en plusieurs régions et dont l'exemple le plus connu est celui de la ligne Siegfried.

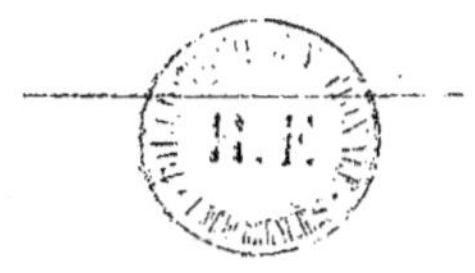

---

[1] L'École fera paraître une étude donnant la valeur du travail et les quantités de matériaux correspondant.

www.ingramcontent.com/pod-product-compliance
Lightning Source LLC
LaVergne TN
LVHW010326030726
842520LV00004B/1301